まえ

電車で，路上で，デスクの前で，布団の中で，スマホ（スマートフォン）にふれる（ケイン・上原, 2019）。……いくつか通知がたまっている。お気に入りの新着動画。たいていスルーするニュースの見出し。ゲームアプリのイベント通知，これは切っておけばよかった。以前はよく遊んだけど，課金しないと消せない広告に疲れ，最近は放置している。友人からのメッセージに既読をつける前に，つい動画を開くと，見覚えのある新機種のCMがまた流れた。機種変更からは数年たったし，そろそろ，と思うけれど，そんなことを考える前に友人に何かリアクションしておかないと。わたしたちはまるで「つながりっぱなし」だ（ボイド, 2014）——なんとなく，時には夢中で，あるいはストレスを（痛みを）感じながら。いつでもどこでも？　とはいえ，わたしたちはどこにいるのだろう。

　手でふれるという触覚的な関係性から少し距離を取れば，それを取り巻くものが視野に入ってくる。わたしたちがいる今・ここ，これを現代社会と言いかえてみよう。その特徴を，本書では「プラットフォーム資本主義」という言葉で表現する[1]。本書は，現代社会についての研究をこれから学ぼうとするみなさんに向けて書かれた入門書である。わたしたちが慣れっこになっている，慣れなければいけなくなってしまっているこの状況について，さまざまな角度から問いかけること。これが本書のねらいだ。

　だが，プラットフォーム資本主義とはいったい何のことだろう？

　順に考えていこう。「つながりっぱなし」とはどういうことか。具体的には，スマホという機器が，つねにネット（インターネット）に接続し通信を行なっている，ということだ（わたしがさわっていない間も，スマホはずっとオンラインである）。つまり，人びとや情報が直接つながるのではなく，ネットのような，何かと何かをつなぐもの／何かを伝えるもの＝メディア（岡本・松井, 2018）とつながっている。買い物する，

ニュースを見る，ゲームする，タクシーを呼ぶ，授業を受ける，投資する，などなど何でもオンラインで行われるのが当たり前になってきたが，ここで重要なのは以下の点だ。今わたしたちがネットにつながるとき，ほぼ必ず何らかのアプリ（アプリケーション），検索エンジン，SNS などのソーシャルメディアを経由しているのである。それは例えるなら，電車から乗り降りする，駅のあの場所のようなものだ。まさに「プラットフォーム」と呼ばれるこのメディア環境は，現代のわたしたちの生活にとって避けられないインフラ（社会の基盤）になりつつあるかにみえる。

　他方で，そのプラットフォームは，企業によるビジネスの一部として運営・提供されていることが多い。メディアの問題は，経済の問題とダイレクトにつながっているわけだ。現代の経済システムは，「資本主義」と呼ばれている。それは一言でいえば，私的な利益の追求を原理とする仕組みである。そのうえ 1990 年代以降は，知識や情報，ネットワーク，企業イメージやブランド価値，文化資源などの「非物質的なもの」（≒無形資産）が，重要な資本だとみなされるようになってきた[2]。もうけをつかむために資本を投入し，さらに増大させようと（資本蓄積）する企業，そこに関わる政策，それらが及ぼすさまざまな影響は，経済の動向にとどまらず，社会全体の状況・あり方を大きく左右している[3]。いわゆる GAFAM——Google[4]，Amazon，Facebook[5]，Apple，Microsoft——といった巨大企業の存在は，21 世紀の資本主義がプラットフォームを，すなわち製品の生産ではなく媒介を一つの軸として展開していることを如実に物語る。

　以上から，プラットフォーム資本主義とは，わたしたちを取り巻く状況の背景なのだということがわかるだろう。だからこそ，そのプラットフォーム資本主義を「解読」することは，私たちが生きる〈今・ここ〉のさまざまな問題を「解読」することと一体なのだといえる。このような観点にもとづいて，本書では，現代社会について思考し探究する手がかりとなるような素材を，各章で取り上げた。

身近なことからグローバルなことまで，いろいろな話題が本書には
登場するが，目次の順番通りに読んでいただいても，興味を持った
章から読んでいただいても，まったくかまわない。

　第Ⅰ部では，プラットフォームとはどういうものかを理解するた
めに，その特徴を整理したうえで，とくに労働との関係について考察
する。まず第1章では，プラットフォームの基本的な構造を説明する。
第2章では，現代の就職活動におけるナビサイトをプラットフォーム
としてとらえ，その特徴を分析する。第3章では，Uber Eats のよう
なギグ・ワーカーたちの労働環境とその過酷さを明らかにする。

　第Ⅱ部では，プラットフォームを織りなすアクターたちとイメー
ジを取り上げ，そこで働いている権力や創造性の仕組みについて考
察する。第4章では，検索システムの権力とウェブサイト側の対策
との相互作用が生み出すダイナミクスを明らかにする。第5章では，
Instagram で自分を「盛り」，「映え」る写真を創造する人びとの実践
について考察する。第6章では，「人種」の力学と無縁ではないプラッ
トフォームにおける創造性・快楽・抑圧の循環について検討する。

　第Ⅲ部では，プラットフォームが社会のインフラとなってきた現
状について，またその未来をめぐるさまざまな動きや議論について
考察する。第7章では，見えない情報プラットフォームに覆われた
都市としてのスマートシティによる生の統治について論じる。第8
章では，プラットフォームを物質的に支えるエネルギー・インフラ
と環境政策の問題を明らかにする。第9章では，プラットフォーム
資本主義に対抗するプラットフォーム協同組合主義の展開について
論じる。第10章では，新型コロナウイルスの世界的な感染拡大に
よって顕在化したメディア状況の意味とプラットフォーム支配の傾
向を分析する。

　第Ⅰ部から第Ⅲ部までの各章は，本書の主題をそれぞれの視点か
ら考察した入門的な論考にあたるが，最後に，プラットフォームを
より深く理解するためのツール（道具）として二つの論考を置いた。
第11章は，アプリの利用規約を「読む」ことを通じて，プラット

フォームとは何なのかをあらためて問い直しながら，グループワークなどで実践的に活用されることを企図している。第12章は，イギリスのキングスカレッジ・ロンドンで教鞭をとるニック・スルネックによるデジタル・エコノミーの分析を参照しつつ，プラットフォーム資本主義を解読するための一つの基礎的な視座と新しい研究動向の紹介を意図している。

　本書が，たくさんの人に届き，社会について考え学びを深めるきっかけとして役立つことができれば幸いである。

編者一同

【付　記】

　各章の入稿に先立ち，本書の執筆予定者が集まって計7回の研究会が行われた（2020年9月～2021年7月）[6]。まさにコロナ禍の真っただ中であったため，研究会はすべてオンラインで実施せざるをえなかったが，他方でこれは参加者が何度も一堂に会することを可能にした。期せずして，本書を作っていく過程そのものにおいて執筆者は「プラットフォーム」経験をくり返し共有した，と言えるかもしれない。研究会での議論はひじょうに活発なものであり，それは各章の内容に，また本書全体の編集に，大きく反映されている。ご参加くださった皆様に厚く御礼申し上げる。

　編者の一人であるケイン樹里安氏は，2022年5月，病のため他界した。ある小さな会で本書のアイデアが生まれたその時以来，ケイン氏は本書の企画の中心的存在であったし，それは今も変わらない。全体的な編集方針の練り上げから細かい事務作業に至るまで，いつも快活に，氏は尽力した。ケイン氏は編集の最終段階に携わることはできなかったが，その情熱は本書の端々に息づいている。

　なお，本書の企画・編集にあたって，ナカニシヤ出版の米谷龍幸氏および編集部のみなさまにはひとかたならぬお世話になった。あらためて深く感謝申し上げたい。

【注】

1) プラットフォーム資本主義という概念は，N. スルネック（2022）のほか，C. ヴェルチェッローネら（Vercellone et al., 2018）や R. ボワイエ（2021）などによっても用いられているが，彼らの理論的立場は一致しているわけではない。本書ではこの語を，現代社会，とりわけスマートフォン以降の状況の一側面を概括的に指し示してくれる手がかりとして用いることとしたい。
2) 「資本」とは資金だけでなく，さまざまな設備など，利益を生み出すために用立てられる資産全般をさす。それがポスト工業化の傾向とともに，機械や建物のよ

うな物的資産だけではなく，非物質的なものへと拡張してきた。このような現代の資本主義は，コミュニケーション資本主義（伊藤, 2019），あるいは認知資本主義（山本, 2016）とも呼ばれる。スルネックによるプラットフォーム資本主義の分析は認知資本主義論に対してやや批判的な面もあるが，本書第 1 章では認知資本主義論の構図のもとでスルネックの議論を援用している。また，とりわけ 2010 年代以降に続々と現れた現代資本主義論の広範なサーベイとして，小峯（2023）を参照。
3) プラットフォームは，きわめて多くの人が利用するインフラ的なメディアであり，また多くの人が共に利用することで成り立っているものであるから，その意味で「コモン」（共通・共有のもの）としての性質を持っているといえるだろう。Twitter がイーロン・マスクに 440 億ドルで買収された後に陥った混乱ぶりは，プラットフォームが営利企業に「私有」されていることの問題性をあらためてわたしたちに示したように思われる。
4) 2015 年に Google は親会社（持株会社）として Alphabet を設立し，現在その傘下にある。
5) 2021 年，Facebook は社名を Meta Platforms（通称：Meta）に変更した。
6) 2020 年 9 月 14 日（第 1 回），2020 年 11 月 12 日（第 2 回），2021 年 1 月 26 日（第 3 回），2021 年 3 月 24 日（第 4 回），2021 年 4 月 28 日（第 5 回），2021 年 6 月 14 日（第 6 回），2021 年 7 月 27 日（第 7 回）。

【引用・参考文献】
伊藤 守［編］(2019).『コミュニケーション資本主義と〈コモン〉の探求——ポスト・ヒューマン時代のメディア論』東京大学出版会
岡本 健・松井広志［編］(2018).『ポスト情報メディア論』ナカニシヤ出版
ケイン樹里安・上原健太郎 (2019).『ふれる社会学』北樹出版
小峯 敦 (2023).「2010 年代以降の「新しい資本主義論」——経済思想史からの展望」『経済学史研究』64(2), 70–103.
スルネック, N. ／大橋完太郎・居村 匠 (2022).『プラットフォーム資本主義』人文書院〔原著：2017〕
ボイド, D. ／野中モモ［訳］(2014).『つながりっぱなしの日常を生きる——ソーシャルメディアが若者にもたらしたもの』草思社〔原著：2014〕
ボワイエ, R. ／山田鋭夫・平野泰朗［訳］(2021).『パンデミックは資本主義をどう変えるか——健康・経済・自由』藤原書店〔原著：2020〕
山本泰三［編］(2016).『認知資本主義』ナカニシヤ出版
Vercellone C., Brancaccio F., Giuliani A., Puletti F., Rocchi G., & Vattimo P. (2018). *Data-driven disruptive commons-based models*.［Research Report］V1.0, CNRS.〈https://shs.hal.science/halshs-01952141（最終閲覧日：2023 年 3 月 10 日）〉

目　　次

第Ⅰ部　プラットフォームと現代の労働

第Ⅲ部　インフラ化するプラットフォームの
現在と未来

Decoding Platform Capitalism

第 I 部
プラットフォームと現代の労働

Chapter 01

プラットフォーム資本とは何か
現代を席巻したメディア・インフラ，そのビジネスをめぐる問い

山本泰三

Key Words：媒介／広告／クラウド／レント／アテンション／サプライチェーン／
ロジスティクス／採取・採掘

● TikTok のウェブサイト* 2020 ～ 2022 年の 3 年連続世界のアプリ DL ランキング 1
位，これまで全世界で 35 億回以上ダウンロードされている TikTok は，たしかに，無数の
データを「採取」する。[…] ただし，[…] こうしたデータ収集の実態は「ほかのアプリと
そう変わらない」。(☞本章 4 頁)

● Amazon.co.jp のウェブサイト** プラットフォームは，実はサプライチェーンに根本
的に依存しており，だからこそサプライチェーンのコントロールを強く求める。サプラ
イチェーンのコントロール […] それはロジスティクスと呼ばれる […]。この〈プラッ
トフォーム＝ロジスティクス〉という節合そのものをまさに体現する企業が，Amazon な
のである。(☞本章 16 頁)

*https://www.tiktok.com/ja-JP/ (最終閲覧日：2023 年 3 月 10 日)
**https://www.amazon.co.jp/ (最終閲覧日：2023 年 3 月 10 日)

▌1 アプリは何をしているのか

●データという争点

2020年8月，アメリカ合衆国大統領だったドナルド・トランプは，動画共有アプリ「TikTok」(ティックトック) の「禁止」を叫んだ。ユーザーから大量のデータを集める TikTok は安全保障上の脅威だとトランプは主張し，運営元である中国のバイトダンス(北京字節跳動科技)に対して，米企業への事業売却か取引停止を迫ったのだ。この大統領令に対しては米国内でも批判があったが，その後トランプは大統領選挙でバイデンに敗北。「TikTok の運営元は現在もバイトダンスであり，米国内のユーザー数は 2021年1月から4月でさらに700万人増となった」[1]。

2020〜2022年の3年連続世界のアプリ DL ランキング1位[2]，これまで全世界で35億回以上ダウンロードされている[3] TikTok は，たしかに，無数のデータを「採取」する。「アプリはスマホ内蔵のカメラやマイク，写真や音声データのほか，全地球測位システム (GPS) 機能を使った位置情報，IP アドレス，ネット上の閲覧・検索履歴，ほかの利用者と交わしたメッセージにもアクセスできる」[4]。ただし，同じ記事で書かれているとおり，こうしたデータ収集の実態は「ほかのアプリとそう変わらない」。LINE も Instagram も Twitter も，みな同じように，ユーザーの個人情報を，アプリを通じたやりとりやふるまいのデータを，かき集め，吸い上げている。あらゆる

---

1) WIRED 日本版，2021年8月12日 〈https://wired.jp/2021/08/12/tiktok-year-trump-ban-no-change-new-threats/（最終閲覧日：2023年3月16日）〉。

2) モバイルマーケティング企業の Apptopia による集計。同社のブログを参照 〈https://blog.apptopia.com/（最終閲覧日：2023年4月10日）〉。

3) iPhone Mania，2022年4月27日 〈https://iphone-mania.jp/news-452161/（最終閲覧日：2023年3月16日）〉

4) 『日本経済新聞』，2020年8月23日 〈https://www.nikkei.com/article/DGXMZO62805750Z10C20A8I00000/（最終閲覧日：2023年3月16日）〉

業界でデータへの志向は強まっており，たとえば TOTO は，便座をセンサーとしてさまざまな生体情報をインターネット経由で収集するトイレを開発すると表明している。インターネット・オブ・トイレ (IoT) [5]！ また，TikTok は中毒性という点で際立っているとも言われるが，それは，収集された大量のデータを分析して自動的にコンテンツをおすすめするアルゴリズムによるものだ――これが TikTok だけのやり方だと思っている人間など，まず存在しないだろう。

　バイデン政権のアメリカが，TikTok を警戒しなくなったわけではない [6]。一方で中国政府も 2020 年前後，自国のテック企業 [7] への締めつけをあからさまに強めてきた。またヨーロッパでは，2018年から EU 一般データ保護規則 (GDPR) が適用，2022 年にデジタル市場法・デジタルサービス法が欧州議会で採決された。まさにデータは国内・国際を問わず政治上の大きな関心事となっているのだが，そこで重要なポイントは，民間の営利企業が大量のデータを採集・保有し，さらには売買しているという点にこそある。しかもこれは，政治とビジネスの対立という問題ではない。トランプが当選した米大統領選に少なからぬ影響を及ぼしたと言われる「ケンブリッジ・アナリティカ事件」では，Facebook のユーザーの個人データ

---

5) 「TOTO，「インターネット・オブ・トイレ」を追求」『日経産業新聞』，2021 年 1 月 14 日 〈https://www.nikkei.com/article/DGXZQODZ137860T10C21A1000000/（最終閲覧日：2023 年 3 月 16 日）〉。記事タイトルのこの表現は，もちろん「モノのインターネット（IoT ☞本書 102 頁）」をもじった冗談である。

6) 米国内で TikTok 禁止の声が大きくなる中，2023 年 3 月に TikTok の CEO は米下院の公聴会で証言し，議員らの厳しい追及にさらされた（ロイター，2023 年 3 月 24 日 〈https://jp.reuters.com/article/idJPKBN2VP1S8（最終閲覧日：2023 年 4 月 10 日）〉）。

7) GAFAM（☞本書 iii 頁）に代表されるような IT 技術を中心にビジネスモデルを組み立てている一群の企業の総称。ベンチャーキャピタルなどの出資によって起業し成功した企業が多い。

がデータ分析会社に提供され，その分析に基づいて，ユーザーの目に入る選挙関係の情報が操作されていたことが明らかになっている。そして，政府の行政データのクラウド管理を巨大テック企業が担い（☞本章9-10頁），「スマートシティ」事業（☞本書第7章）が世界各地で展開され，なし崩し的に資本と国家が一体化しつつあるようにもみえる。これは巨大なビジネスであり，ある意味では現代資本主義の中枢だとさえ言えるかもしれない。わたしたちは，たとえばアプリを通じて，そのシステムにからめとられている。

●問題のありか

アプリを通じて。それは，スマホ（スマートフォン）を通じて，ということでもある。スマホは，かつての電話とは大きく異なる。特定の目的のためのアプリケーションソフト（応用ソフトウェア）＝「アプリ」をインストールすることで，さまざまなサービスが利用できるのだ。

ところで2021年10月，ある政治家がテレビ番組で「スマホは日本の発明です」と発言し，失笑を買った。言うまでもないが，現在わたしたちがイメージするようなスマホの普及はアメリカの企業である Apple が2007年に発表した iPhone にはじまる（その前にカナダの BlackBerry のような先駆的な端末は存在していたが）。もっとも，日本の技術でスマホを発明することはできたはずなのに……という意見も見かけないわけではない。だが，仮にスマホのような性能を持つ携帯情報端末が日本で開発されていたとしても，あまり状況は変わらなかったのではないだろうか——端末を作れるかどうか，「製品」を作れるかどうかこそが一番の問題だ，と今なお考えられているのだとすれば。

スマホを通じて，わたしたちはアプリを手に入れる。アプリを通じて，わたしたちはネットワークにつながる。そこで何が起こっているのか。問題は，スマホという情報端末そのものではなく，アプリを表す四角いアイコンでもない。その先に「ネットワーク」を見

出さなければならないわけだが，それでもまだ足りない。それらによって構成されている，仕組み。これをエコシステムと表現することもあるが，問題をはっきりさせるために，ビジネスモデルと呼ぶほうがいいだろう。身もふたもない言い方をすれば，「カネもうけのやり方」ということだ。認知資本主義とも呼ばれる現代の資本主義[8]において見いだされ，支配的となったビジネスモデル，独占の形態。それがプラットフォーム資本である。

▎2 プラットフォームで何が起こっているのか

●資本なき資本主義？

プラットフォーム──より正確にいえば「デジタル・プラットフォーム」──は，「二つ以上のグループが関わり合うことを可能にするデジタル・インフラ」[9]だと定義できる（スルネック，2022：54）。たとえばAmazonマーケットプレイスや楽天は，ネット通販（EC，eコマース）の場を提供し，商品を売るお店と商品を探す消費者とを仲介する。Uber Eatsは，〈お店〉・〈消費者〉・〈細切れの時間で仕事を請け負う人〉を結びつけて，消費者の自宅に食事を届ける。リクナビやマイナビには，就職活動する学生と新卒採用をする企業が集まる。App StoreやGoogle Playは，アプリの開発者たちには開発ツールと販売の場を提供し，スマホのユーザーたちには「すべてがあります」と呼びかける。かつての予想では，インターネットの発達は需要と供給が直接つながることを可能にするので，さまざまな仲介業や中間業者は消えていく，と考えられていた。しかし実際には，プラットフォームという新たなタイプの「媒介者」が世界を席巻することになったわけだ。

---

8) さしあたり，認知資本主義については山本（2016, 2020b），プラットフォーム資本の位置づけについては山本（2020a）を参照。
9) ここでいう「グループ」には，製品や機械設備など，人間ではない「モノ（物）」も含まれる（スルネック，2022）。

　自らは製品を生産することなく，一見すると物的資本もさほど必要とせずビジネスを行い，利益を上げる，そんな企業がいくつも登場し，急拡大している。「世界最大のタクシー会社である Uber は車両を所有しない。世界で最も人気のメディアである Facebook はコンテンツを作らない。最も時価総額の大きい小売業者のアリババは在庫を持たない。世界最大の宿泊サービスを手がける Airbnb は不動産を所有しない」[10]。

　では，TikTok や Instagram や YouTube，さまざまな SNS は，誰と誰を仲介しているのだろう。ユーザーとユーザー（とりわけ，動画や写真を投稿するユーザーと一般ユーザーを）？　それはそうだが，それだけだろうか。

　N. スルネックは，プラットフォームの典型的なタイプを五つ挙げている。すなわち，①広告プラットフォーム，②クラウドプラットフォーム，③工業プラットフォーム，④製品プラットフォーム，⑤リーンプラットフォームだ（スルネック，2022）。以下では①と②を中心にして，プラットフォーム資本が何をしているのかをみていこう。

◉広告プラットフォーム

　YouTube を傘下に収める Google（現 Alphabet）と，Instagram を傘下に収める Facebook（現 Meta）は，2016 年の時点で，アメリカでのデジタル広告の 73% を占めている（ハインドマン，2020）。両社は，広告料で稼いでいるのだ。その広告を見るのは誰か。一般ユーザーである。これは，テレビ放送のビジネスモデルと基本的には同じ形になっている。テレビの場合，視聴者は番組を無料で視聴できるが，その代わりに CM が目に入ってくる。テレビ放送の収入源は広告

10）この T. グッドウィンの言い回し〈https://techcrunch.com/2015/03/03/in-the-age-of-disintermediation-the-battle-is-all-for-the-customer-interface/（最終閲覧日：2023 年 3 月 16 日）〉は非常に有名だが，もちろん，「外部の経営資源は，内部の経営資源と完全に置き換わるというよりも，補足的に用いられることのほうが多い」（パーカーほか，2018）。

料だから，テレビにとっての顧客は視聴者ではなく，CM を放送するために広告料を払う企業である。Google の検索エンジン，さまざまなソーシャルメディア（Facebook など），あるいは TikTok にとっても，ほんとうの顧客は広告を出す企業なのであって，ユーザーではない。では，なぜ多くの企業は広告料を支払うのか。それは，Google や Facebook などが何万ものユーザーから大量のデータを採取し分析する力によって，ターゲットをしぼり，個々のユーザーの行動履歴に沿った広告を表示できるからである。つまり TikTok や Instagram や YouTube は，企業の広告とアプリのユーザーとを結びつける。もっと強く表現してみよう。ある意味でこれらのプラットフォームは，あなたの個人データやその分析結果を，企業という客に売っているようなものだ。

◉クラウドプラットフォーム

　クラウドとは，大規模なハードウェアやソフトウェアを自前で持つかわりにコンピュータネットワークを通じて必要なサービスを利用できる仕組みである。写真データなどの保存で，クラウドをそれと意識せず利用している人も多いだろう。Apple は Google や AWS（Amazon のクラウドサービス）のクラウドを利用しており，2019 年には毎月 3000 万ドル以上を AWS に支払っていたという[11]。AWS は，Amazon の収益において最も大きな割合を占める。オンライン書店として創業した Amazon は，世界有数の物流企業へと成長する過程で，大規模なデータセンター，倉庫内を動く搬送ロボット，巨大なコンピュータシステムなどに投資し，膨大な商品・業者・購買者が関わる複雑な物流，すなわち「ロジスティクス」をさばくためのプラットフォームを発達させた。こうやって構築された力を土台として，AWS は，サーバー，ストレージ，ソフトウェア開発ツー

---

11) Gigazine, 2019 年 4 月 23 日〈https://gigazine.net/news/20190423-apple-spend-amazon-web-service/（最終閲覧日：2023 年 3 月 16 日）〉

ルなどの膨大なクラウドサービスを貸し出している。これによってプラットフォーム資本は莫大なデータを手中にする。政府や自治体といった世界各地の公共セクターも，AWSの顧客だ。イギリスの諜報機関がAWSと契約したとの報道があるが，AWSという米国企業が選ばれたことで「英国のデジタル主権に関する問題を懸念する声が上がっている」[12]。ここで，AWS，Google，Microsoft，Oracleの4社が2022年に日本政府のデジタル庁から受注していることも付記しておくべきだろう[13]。

◉工業プラットフォーム

データの採集と分析は，製造業においてもますます重要となっている。そのために，ネットワーク化された機械がデータを互いにやり取りして学習していくことを可能にするプラットフォームが導入されるようになってきた（Siemens，GEなど）。工場に「モノのインターネット」（IoT）が張りめぐらされ，機械がそこにつなげられるのだ。ドイツでは「インダストリー4.0」というかけ声のもと，こうした動きが積極的に推し進められている。

◉製品プラットフォーム，リーンプラットフォーム

IoTやクラウドを土台として，製品やコンテンツの「サブスク」（＝サブスクリプション[14]）やリースを行うビジネスも急増している（製品プラットフォーム）。また，これに近いが区別されるべきビジネスモデルがリーンプラットフォームであり，UberやAirbnbがこれに

---

12) CNET Japan, 2021年10月27日〈https://japan.cnet.com/article/35178617/（最終閲覧日：2023年3月16日）〉

13) デジタル庁「ガバメントクラウド」〈https://www.digital.go.jp/policies/gov_cloud/（最終閲覧日：2023年3月16日）〉

14) もとは定期購読などの意味を持つ。何らかのサービスや製品を一定期間（月単位，年単位など）利用できる権利をユーザーが購入するタイプのビジネスモデル。クラウドサービスとも相性がよい。

当てはまる。「リーン」とは、「そぎ落とす」ことを意味している。つまり Uber のような企業は、物的資本も従業員もそぎ落としてコストカットを追求するというやり方で利益を上げようとしている。

▌3 ネットワークの何が重要なのか

●エコシステムの「地主」

　プラットフォームの解説者たちは、従来型のビジネスモデルを「直線的ビジネス」あるいは「パイプライン」と呼ぶ。それは、原材料の調達、工場での生産、部品や製品の輸送、店舗での販売……といった過程が連なっている流れ、つまり「サプライチェーン」(供給網) の一端を担う企業の、ごく一般的なやり方を指す。このモデルでは、生産設備など社内の資産に投資することがとくに重要となる。モザドとジョンソンは、多くのソフトウェア企業 (さらにはソフトウェア・アズ・ア・サービス (SaaS) のビジネスモデルでさえ) も従来の直線型ビジネスだと言う。

　これに対して、プラットフォームのビジネスモデルは、上流から下流へと一方向に流れるパイプラインではなく、ネットワーク状の「エコシステム」だとされる。自社の外にネットワークを育て、そこで生み出される価値を収益化し自社の利益とすること。さまざまなグループが結びつけられてできあがるエコシステムが作り出される場、言いかえれば「二つ以上のグループが関わり合うことを可能にするデジタル・インフラ」、まさしくそれがプラットフォームであった。プラットフォーム資本は、商品の製造・販売ではなく、このような「場」を貸し出すことによって利益を得る。それは、地主が土地を貸して地代 (レント) という収入を稼ぐやり方に似ている[15]。

[15) プラットフォーム資本のビジネスモデルは、認知資本主義論のいう「利潤のレント化」(ヴェルチェッローネ, 2010；パスキネッリ, 2011；山本, 2021) が典型的にあてはまる事例である。また、佐々木 (2022) も参照。

◉ネットワーク効果

　では，なぜ無数のユーザーや企業がプラットフォームという「場」に集まってくるのだろうか。これは，プラットフォーム資本がいかにして急速に巨大化し現代の独占資本となったのか，という問いである。

　かつては，インターネット（ワールド・ワイド・ウェブ）は自由で平等なコミュニケーションを実現するものであり，それは情報テクノロジーがもたらした革命的変化だと考えられていた。今なお巨大テック企業は，自分たちはネットを支配などしていない，なぜならユーザーは「競合他社にワンクリックで到達できる」からだ，と言いたがる。さて現実はどうか。2013 年 4 月 16 日に Google のプラットフォームが数分間ダウンしたとき，世界のインターネットトラフィックは推定 40% も低下したという（モザド & ジョンソン, 2018）。2020 年，世界のモバイルアプリダウンロード数は記録的な 2180 億件（消費者支出は約 1 兆 4900 億円）に達したが [16]，これは基本的には App Store と Google Play からのインストール数の合計である。これほどの規模となっているアプリの「プラットフォーム」を，Apple と Google がほぼ独占しているのだ。

　大量生産が行われる製造業のように，従来型のビジネスモデルにおいても巨大な独占企業は存在した（規模の経済がはたらく場合）。だがプラットフォームの場合は，少し異なるメカニズムがはたらいている。たとえば電話は，使うのが自分一人だけなら無意味な道具だが，電話を使う人間がたくさんいれば通信手段としての価値は大きくなる。これは Twitter のような SNS でも同じである。このように，ネットワークの参加者が多ければ多いほどネットワークの価値が高まることを，ネットワーク効果と呼ぶ [17]。人びとが集い，出会い，「シェ

16）TechCrunch, 2021.1.13〈https://techcrunch.com/2021/01/13/app-stores-saw-record-218-billion-downloads-in-2020-consumer-spend-of-143-billion/（最終閲覧日：2023 年 4 月 24 日）〉

ア」することで生み出している無形の価値，それを我がものとし利益に変えることがプラットフォームのビジネスモデルなので，そこではネットワークの参加者を増加させることがつねに志向される。プラットフォーム資本は，サービスやコンテンツの生産あるいはコミュニケーションのツールを提供し，人びとの注意・関心を引きつけ，つなぎとめることを徹底的に追求するのである。

▎4　何がプラットフォームを巨大にするのか

●アテンション・エコノミー

　いわゆる情報化が進み，大量の情報が世の中にあふれるようになったことで，情報はもはや希少なものではなくなり，むしろ人間による情報の認知，言いかえれば人間が情報へと向ける「注意・関心」＝「アテンション」が希少になった。その結果，アテンションをどこに向けるか，アテンションをいかに引きつけるかが重大な問題となっている。このような状況が「アテンション・エコノミー」と呼ばれる（ダベンポート＆ベック, 2005；マラッツィ, 2010；ハインドマン, 2020）。ロシアのウクライナ侵攻後，「制脳権」をめぐる認知領域の戦いが激化しているとも指摘されたが[18]，それはインターネットですでに大規模に展開されてきた策動の応用だったともいえよう。

　ここで決定的なのは，速度である。インターネットの世界では，検索結果が表示される時間や動画の読み込み時間など，サイトの応

17）ネットワーク外部性ともいう。経済学において外部性（外部効果，外部経済）とは，ある主体の活動が他の主体に影響を及ぼすことを意味する概念（市場を介さず効果が及ぶ場合について用いることが多い）。例えば公害は，企業活動で発生した物質が大気や河川，海などを汚染して多くの人びとに健康被害をもたらすため，負の外部性の典型とされる。SNS のユーザーが増えた結果，デマやヘイトを拡散するユーザーが増え，SNS が安全な空間ではなくなることは，負のネットワーク効果と言えるだろう。

18）『朝日新聞』，2022 年 3 月 25 日〈https://www.asahi.com/articles/ASQ3S4244Q3RUHBI03V.html（最終閲覧日：2023 年 3 月 16 日）〉

答性，つまり速さの差によってトラフィック（通信量）に大きな差が
生じてくる（ハインドマン, 2020）。表示が少しでも遅いと感じたら，ほと
んどのユーザーはすぐに去ってしまうのだ。使いやすくすっきりし
たデザインかどうかも，アテンションを大きく左右する。また，お
すすめコンテンツを表示するレコメンド（推薦）システムや需要と供
給のマッチングが的確であれば，アテンションをつなぎとめること
ができるので，そのためのアルゴリズムの性能も重大なポイントで
ある。速度，アルゴリズムの作動，膨大なデータの管理……これら
は結局，プラットフォームを支えるハードウェアとソフトウェアに
かかっている。

◉巨大な設備投資

　だからこそ，Google，Microsoft，Facebook，Apple，Amazon と
いったテック企業は，きわめて大規模な物理的インフラへの投資を
行なっているのだ。ただし，それはたんに固定資本の量を増やして
いるだけではなく，高度専門人材の動員による高度知識への投資と
組み合わさっている。「2003 年から 2013 年にかけて，グーグル社
は研究開発，設備施設だけで 596 億ドルをかけている──アメリカ
が原爆製造に使ったお金の３倍（しかもインフレの影響抜きで）だ」（ハイ
ンドマン, 2020）。これは製品の生産へ向かうのではなく，いくつもの
メガ・データセンター，数百万台のサーバー，光ファイバーケーブ
ル，ソフトウェア・アーキテクチャ，アルゴリズムの開発，ディー
プラーニング，等々への投資である。一般に，プラットフォームビ
ジネスは相対的に少額の資金で起業することが可能で，物的資産も
あまり保有しない「資本なき資本主義」だと言われている。それは
間違ってはいないのだが，やや一面的な描写であることも確かであ
る。つまり，次々に生まれてくる新たなプラットフォームは，先ほ
ど列挙したような圧倒的に巨大なプラットフォーム資本が巨大な設
備投資によって構築しているインフラを用い，その上で群生してい
る，ということなのだ。そしてそのインフラでは，（大規模な投資によっ

て効率化されているとはいえ）莫大な電力が消費される。

◉中毒と囲い込み

　ネット上の有名人や，無名の YouTuber，TikToker たちが，ショッキングで差別的な発言やバカげた行動をくり返してしまうのは，当然のことかもしれない。要するにそれは，手っ取り早くアテンションを引きつけるための，ひどく安易なやり方である。プラットフォームのアーキテクチャがそうさせるのだ，と言ってもよい。アテンションをかき立て，つなぎとめることができなければ，アルゴリズムによる「おすすめ」から彼らは消え，プラットフォームで生き残れなくなるのだから。TikTok やスマホの「中毒」が問題となるのも，けっきょく同じことである。プラットフォーム資本主義は，アテンションを引きつけ，人びとを楽しませ，からめとる仕組みを作り上げるために，最大限の物量・資金・知的能力を投入している。アテンション・エコノミーとは，アディクション（中毒）・エコノミーでもある。

　さらに，巨大プラットフォーム資本は数多くのサービスを連結して提供することで，ユーザーを「エコシステム」に囲い込み，その独占的地位をいっそう固めようとする。Google はもともと検索エンジンだが，スマホの Android OS，Google Play，YouTube，Gmail，自前のブラウザである Chrome などを有する。Apple は今なお PC を手がけつつ，iTunes，iOS，もちろん iPhone，App Store などを展開してきた。Meta は Facebook から出発し，Instagram，Facebook Messenger を有し，メタバースを次の主力としたいようだ。ネット通販から始まった Amazon は，Amazon マーケットプレイス，AWS，Kindle，Amazon Prime Video などへと手を広げてきた。中国においても，検索エンジンのバイドゥ（百度），ネット通販のアリババ，チャットサービス大手のテンセント（騰訊控股）が，それぞれ競合する複数のプラットフォームを展開している。

▌5　プラットフォームは何に依存しているのか

◉「ちょうどその時に，その地点まで」

　巨大プラットフォームは，ユーザーから莫大なデータを採取する。データが多ければ多いほどアルゴリズムの性能は向上する。それにしても，なぜデータか。なぜアルゴリズムなのか。あなたに向けてアルゴリズムが表示する広告を手がかりに考えてみよう。広告は，商品を買わせることを目的としている。ターゲティング広告は，どんなユーザーが何を買うのかという予測，しかも自動化されたデータ収集・分析による予測に基づく。結局これは，人間の行動を「計算」によってコントロールし自動的にカネを支払わせたい，という資本主義の夢なのだろう。

　みごとに広告が効いて，ユーザーが通販サイトで商品を「ポチった」としよう。そこまでのプロセスがなめらかに進むように仕上げられたアーキテクチャのおかげだ。だがその後，買ったはずの商品がなかなか消費者の手元に届かなければ，「計算」は台無しになる。つまり，消費者の行動をコントロールするはずの計算，「自動化」[19]は，コントロールされた物流との接続なしには実現しない。

　物流，サプライチェーンは，旧来のビジネスモデルを特徴づけるものだった。プラットフォーム自身はサプライチェーンではない。それゆえにプラットフォームは，自らの外部に，生産や物流を必要とする。つまりプラットフォームは，実はサプライチェーンに根本的に依存しており，だからこそサプライチェーンのコントロールを強く求める。サプライチェーンのコントロール──「ちょうどその時に，その地点まで」──，それはロジスティクスと呼ばれる（北川・原口, 2021）。この〈プラットフォーム＝ロジスティクス〉という節合そのものをまさに体現する企業が，Amazon なのである。

19）これは，狭義の計算（computation）として考えるべきだろう。この点に関しては山本（2021a）も参照。

〈プラットフォーム＝ロジスティクス〉は，物流も自動化しようとする。搬送ロボットへの投資についてはすでにふれた。Amazon がドローンによる配達サービスを構想していたことはよく知られているだろう。だが，その計画は順調に進んではいないようだ[20]。いずれにせよ，完全に無人の物流など，想像することさえ難しい。Amazon のテレビ CM では段ボール箱がひとりでにベルトコンベアの上を流れていくが，Amazon は倉庫での作業のために大量の労働者を雇用している企業でもあるのだ。

2020 年，コロナ禍で生命の危険にさらされた Amazon の倉庫労働者は，感染対策を求めてストライキを計画していた。しかし Amazon はその労働者をクビにすることで答えたのだった——その頃，Amazon の株価は史上最高値を更新していた（山本 2020a, b）。医療従事者と共に，流通の現場ではたらく労働者たちが「エッセンシャルワーカー」だと讃えられたことを，ここで思い出すべきだろう。Amazon の倉庫労働者が受けた仕打ちは，ロジスティクスというものの深刻な矛盾をあらわに示している。

●データの採取／鉱物の採掘

無論，サプライチェーンは倉庫どころか，いくつもの国境を越え，大陸と海を横断し，錯綜して広がっており，その一部分を把握することも決して容易ではない[21]。だが本章をここで閉じるにあたって，スマホのサプライチェーンを少しばかりさかのぼっておくべき

---

20) Business Insider Japan, 2021 年 8 月 11 日〈https://www.businessinsider.jp/post-239907（最終閲覧日：2023 年 4 月 24 日）〉，Forbes Japan, 2023 年 2 月 7 日〈https://forbesjapan.com/articles/detail/60664（最終閲覧日：2023 年 4 月 24 日）〉

21) また，コロナ禍やロシア・ウクライナ戦争などによる国際政治経済の激変は，グローバルに拡大した「複雑でリーンな」サプライチェーンに依存する「世界最適調達」時代の終わり（少なくとも曲がり角）を窺わせる。『日本経済新聞』2022 年 5 月 24 日〈https://www.nikkei.com/article/DGXZQOCD101UO0Q2A510C2000000/（最終閲覧日：2023 年 3 月 16 日）〉

だろう。iPhone の組み立ては，Apple の下請け企業によって主に中国の工場で行われているが，およそ 1000 点以上もの部品と，いわゆるレアアース（希土類）なども含む約 60 種の物質が使われており，そのサプライチェーンは長く複雑だ（吉田, 2017）。充電池はスマホのもっとも重要な部品の一つだが，リチウムイオン電池の「生産のカギとなる元素」が，コバルトである。世界のコバルトの約 65％ をコンゴ民主共和国が供給しているが，コンゴは独裁政権と不安定な政情が続いている。スマホなどの情報通信技術製品には，コンゴのように紛争が続く国々の鉱山から掘り出される鉱物（紛争鉱物）が使われている。データの「採取場」というべきスマホは，コバルトのような紛争鉱物の「採掘」なしには存在しない[22]。

そしてそのコバルト採掘に，小さな子どもが従事していることが明らかになっている。ユニセフの調査によれば，子どもたちは 1 日 12 時間近く働くが，ほとんどは 1–2 ドルしか稼げない。大人の鉱夫と同じように子どももつねに高濃度のコバルトの粉塵にさらされており，「肺に吸い込むリスクがあるにもかかわらず，グローブやマスクも付けていない。聴き取りした児童は，たびたび病気になると不満を述べている」（吉田, 2017：34-35）。付近の住民の尿中のコバルト濃度は通常の 43 倍も高く，鉱夫の子どもに先天異常のリスクが高いことが報告されている。鉱山のトンネルの崩落で，死亡事故もたびたび発生している。しかし，コンゴ政府関係者や警察は違法・非公式に行われている採掘を知っているばかりか，採掘者から金銭

22）データから鉱物にいたるまでの「採掘／採取」の問題についてはメッザードラ & ニールソン（2021）を参照。

23）「米人権団体、アップルら 5 社を提訴──コバルト鉱山で児童労働」CNET Japan, 2019 年 12 月 18 日〈https://japan.cnet.com/article/35147015/（最終閲覧日：2023 年 4 月 24 日）〉。「この訴えは 21 年に裁判所によって棄却されたものの，コバルトを扱う企業に対する社会の目は厳しくなっている」『朝日新聞』，2022 年 8 月 17 日〈https://digital.asahi.com/articles/ASQ853GHBQ73UHBI024.html（最終閲覧日：2023 年 3 月 16 日）〉。

を受け取り，見て見ぬふりをしてきた。子どもが鉱山で働くことは，禁止すべき「最悪の児童労働」だと国際的に認識されているが，いくつもの大手企業がこのコバルトのサプライチェーンと無関係ではない[23]。

●むすび

　ここまで，プラットフォーム資本とは何なのかをみてきた。このプラットフォーム資本の活動を一つの軸として織りなされる現代の状況を，「プラットフォーム資本主義」と呼ぶことができる。とはいえこの章では，それが具体的にどのようなものかについては，部分的にしか述べていない。また，この状況はただ巨大プラットフォームだけによって形づくられているわけでもない。以降の章で，プラットフォーム資本主義を本格的に「解読」していくことにしよう。

●ディスカッションのために
①プラットフォームの典型的な五つのタイプについて，本文に基づいてまとめてみよう。また，それぞれのタイプにどんなアプリや企業が当てはまるのか，本文には出てこない例を考え，調べてみよう。
②「レント」「ネットワーク効果」「アテンション・エコノミー」「ロジスティクス」といった用語の意味を本文に基づいて考え，具体例を挙げながら説明してみよう。
③プラットフォームが大きな影響力をふるう資本主義はどのような問題を引き起こすのか，考えてみよう。

【引用・参考文献】
ヴェルチェッローネ，C.（2010）.「価値法則と利潤のレント化」フマガッリ，A.・メッザードラ，S.［編］／朝比奈佳尉・長谷川若枝［訳］『金融危機をめぐる10のテーゼ──金融市場・社会闘争・政治的シナリオ』以文社, pp. 75–105.〔原著：2009〕
北川眞也・原口 剛（2021）.「ロジスティクスによる空間の生産──インフラストラクチャー，労働，対抗ロジスティクス」『思想』1162: 78 99.

佐々木隆治 (2022).「「新しい資本主義」とはなにか──レント資本主義と『資本論』の射程」『世界』958: 144–155.

スルネック, N. ／大橋完太郎・居村 匠 (2022).『プラットフォーム資本主義』人文書院〔原著：2017〕

ダベンポート, T. H., & ベック, J. C. ／高梨智弘・岡田依里［訳］(2005).『アテンション！──経営とビジネスのあたらしい視点』シュプリンガー・フェアラーク東京〔原著：2001〕

パーカー, G. G., ヴァン・アルスタイン, M. W., & チョーダリー, S. P. ／渡部典子［訳］(2018).『プラットフォーム・レボリューション── 未知の巨大なライバルとの競争に勝つために』ダイヤモンド社〔原著：2016〕

ハインドマン, M. ／山形浩生［訳］(2020).『デジタルエコノミーの罠──なぜ不平等が生まれ、メディアは衰亡するのか』NTT 出版〔原著：2018〕

パスキネッリ, M. (2011).「グーグル〈ページランク〉のアルゴリズム──認知資本主義のダイアグラムと〈共通知〉の寄食者」『現代思想』39(1): 118–128.〔原著：2009〕

マラッツィ, C. ／柱本元彦［訳］・水嶋一憲［監修］(2010).『資本と言語──ニューエコノミーのサイクルと危機』人文書院〔原著：2002〕

メッザードラ, S., & ニールソン, B. ／箱田 徹［訳］(2021).「多数多様な採取フロンティア」『思想』1162: 12–31.〔原著：2017〕

モザド, A., & ジョンソン, N. ／藤原智子［訳］(2018).『プラットフォーム革命──経済を支配するビジネスモデルはどう機能し、どう作られるのか』英治出版〔原著：2016〕

山本泰三［編］(2016). 『認知資本主義── 21 世紀のポリティカル・エコノミー』ナカニシヤ出版

山本泰三 (2020a).「資本のコミュニズム あるいは認知資本主義の両義性？」『福音と世界』2020 年 7 月号, 12–17.

山本泰三 (2020b).「職場を離れても「常に仕事に取り巻かれている感じ」の正体」『現代ビジネス』（ウェブ版）〈https://gendai.ismedia.jp/articles/-/73777（最終閲覧日：2023 年 3 月 16 日）〉

山本泰三 (2021a).「金融メディア」門林岳史・増田展大［編］『クリティカル・ワード メディア論』フィルムアート社, pp. 263–269.

山本泰三 (2021b).「価値づけと利潤のレント化──現代資本主義への視角」『経済地理学年報』67(4): 213–222.

吉田文和 (2017).『スマートフォンの環境経済学』日本評論社

Chapter 02

プラットフォームに囲い込まれた大学生
乱立する就職情報サービスについて考える

妹尾麻美

Key Words：労働市場／大学生／採用／就職活動／ナビサイト／逆ナビサイト／
　　　　　口コミサイト

●リクナビ 2025，OPEN 前のウェブサイト *　就職活動のプロセスにおいて，大学生は数え切れないほどの就職情報サービスに出くわす。こうしたサービスは ［…］三つに大別することができる。第一に，リクナビやマイナビなどのナビサイトである。これらを用いて，大学生は採用先企業を検索・閲覧する。(☞本章 22 頁)

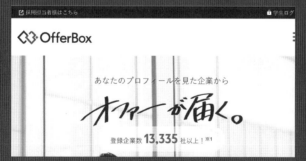

● OfferBox のウェブサイト **　第二に，近年登場した逆ナビサイトと呼ばれるサービスである。よく知られているものとして OfferBox やキミスカ，JOBRASS が挙げられる。それらは，自己 PR や今後の抱負などのフォームに学生が自身の情報を登録し，それを企業の人事担当者が閲覧して気に入った者に選考のオファーを送ることができるサービスである。(☞本章 23 頁)

*https://job.rikunabi.com/2025/（最終閲覧日：2023 年 3 月 16 日）
**https://offerbox.jp/（最終閲覧日：2023 年 3 月 16 日）

┃ 1 ナビサイト／逆ナビサイト／口コミサイト

　大学生が就職活動を始めるとき，手始めに「リクナビ」や「マイナビ」といったナビサイトに登録し，企業の情報をながめる。選考が進むにつれて，選考の合否通知や面接で尋ねられることが気になり「みんなの就職活動日記」などの口コミサイトを覗くようになる。また，その膨大な情報を前に立ちすくみ「OfferBox」のような逆ナビサイト（スカウト型のサイト）を用いて，スカウトが来るのを待ってみたりもする。これらのサービスなしに，もはや就職活動は成立しない。

　本章はここに挙げた就職情報サービスに着目し，プラットフォームとしてみていくことで労働市場の特徴を考えてみたい。議論に入る前に，日本における労働市場の特徴を手短に説明しておこう。高度経済成長期ごろ，学歴を問わず大企業に勤める男性は，長期雇用，年功序列，企業別労働組合といった日本的雇用慣行で働くことが「普通」となる（小笠原, 2014）。この慣行から，職業能力を持たない若者を一括して雇い入れ，企業内で訓練し，長く働いてもらう新卒採用を実施することが企業にとって合理的となった。また，法律上，学校は職業紹介が可能となっている。これらのことから新卒市場（高卒／大卒）と転職市場は区別され，異なる入職経路がとられる。大学生の就職活動は概ねナビサイトに登録し，3年生の夏や冬ごろインターンシップや説明会などに参加，その後，4年生前期までの期間で本選考に進み，内定を得るといった流れになっている。必ずしもすべての大学生がこのプロセスをたどるわけではないものの，こうした流れが典型となっている。

　就職活動のプロセスにおいて，大学生は数え切れないほどの就職情報サービスに出くわす。こうしたサービスは冒頭に挙げた三つに大別することができる。第一に，リクナビやマイナビなどのナビサイトである。これらを用いて，大学生は採用先企業を検索・閲覧する。リクナビやマイナビへの登録が就職活動の第一歩となってお

り，民間企業志望のほとんどの大学生がこれらに登録しているとも言われている。第二に，近年登場した逆ナビサイトと呼ばれるサービスである。よく知られているものとして OfferBox やキミスカ，JOBRASS が挙げられる。それらは，自己 PR や今後の抱負などのフォームに学生が自身の情報を登録し，それを企業の人事担当者が閲覧して気に入った者に選考のオファーを送ることができるサービスである。簡単にいえば，スカウト型のサービスである。第三に「みんなの就職活動日記」に代表される口コミサイトが挙げられる。これに類するサービスとして，ONE CAREER や unistyle といった，すでに内定を得た先輩などのエントリーシートを閲覧できるサービスも用いられている。いずれも，学生は無料で使用できる。サービス提供企業の入れ替わりはあるものの，ナビサイトと口コミサイトは 1990 年代後半以後使われつづけてきた。

▎2　プラットフォームとしての就職情報サービス

　さて，就職情報サービスをプラットフォームとしてみたとき，どのような特徴がみえてくるだろうか。本書第 1 章ですでにプラットフォームの概念やその様態について詳細を示しているが，ここであらためて述べておくならば，プラットフォームとは「ふたつ以上のグループの相互作用を可能にするデジタル・インフラストラクチャー」（スルネック, 2022：54-55）のことを指す。就職情報サービスは大学生と企業，もしくは大学生どうしをつなげるプラットフォームとして捉えることができる（山口, 2023：279-280）。多くが無料で利用できるため，深く考えたことがない読者もいるかもしれないが，これらはまさしくプラットフォームビジネスとして成立し，発展してきた。

　リクナビやマイナビに代表されるナビサイトは「広告プラットフォーム」（スルネック, 2022）といえる。リクナビやその他のサービスを提供するリクルートホールディングス（以下，リクルート）は，1960

年に「大学新聞広告社」として創業され，創業当初から紙媒体（新聞，雑誌）で大学生の求人広告を取り扱っていた。リクルートの事業内容は以下のように説明されている。

> 就職・進学・住宅・ヘアサロン・レストランなど，<u>必要な情報を求める個人ユーザーと企業クライアントが出会う場を作り出し，より多くの最適なマッチングを実現することにより双方の満足を追求すること</u>。これが，リクルートグループが創業より大切にしビジネスのエンジンとして活用してきたビジネスモデルです。このマッチングの仕組みをリボン結びの形になぞらえて図式化し「リボンモデル」と呼ぶようになりました。
> （リクルートホールディングスHP，下線は筆者）

　このモデルはプラットフォームの定義と同義である。リクルートは，このモデルに名が与えられていなかったころから就職，飲食店や住宅へこれを適用し，ビジネスを拡大してきた。
　ナビサイトは大学生（ユーザー）へ無料で情報を提供し，企業から出稿料を徴収するビジネスである。そもそも，1990年代前半までこうした情報は紙媒体（主に雑誌）で整理されていた。1996年にリクナビが登場したのち，急速にネット（インターネット）上でサービスが展開されるようになる。一般向けPCが普及した時期とも重なり，紙からネットへと媒体を変えていった。紙媒体で情報が提供されていた時代も特定大学の学生に向けて企業案内が送付されていた（岩内，1995：15）が，メールで企業案内が通知されるターゲット広告へと姿を変える（斎藤，2007）。2014年前後からスマホ（スマートフォン）の普及と相まって，学生の閲覧履歴と過去のデータを連動させ，おすすめの企業が自動的に提示（パーソナライズ）されるようになっていく（新卒採用.jp, 2012）。この時期にサイト運営企業は大学生の行動履歴をデータとして収集するようになったといえるだろう。こうして，大学生はおすすめ企業をスマホで手軽に閲覧できるようになった。こ

の機能は就職先を丁寧に調べるコストを軽減する反面，リクナビにおける個人情報流出事件[1]のように，求人側に求職者の行動履歴を手渡すこととも紙一重である。

　一方，「逆ナビサイト」は選考へ参加した学生の数や内定者確保の数など企業が求める成果に応じて費用が発生する仕組み，もしくは一定期間のサービス利用で費用が発生する仕組みをとることが多い。2010年代後半から普及しはじめたこの逆ナビサイトは企業側が大学生をスカウトすることを選考の初発とするものである。大学生に「スカウトを待つだけでよい」といったメリットを示して，サービスを提供している。逆ナビサイトが生み出された背景には，企業側の採用情報がナビサイトに埋もれて応募者の確保に難を抱えていた点，学生も多数の企業の選考へ応募しなければならなくなった点がある。

　ここまで，ナビサイト，逆ナビサイトの特徴と成り立ちについて見てきた[2]。就職情報サービスは「プラットフォーム」として取り上げられることは少ないものの，一部はネット黎明期から存在し，日本における大学生の就職といった特定の「場」において市場を独占する形で使用されてもいる。だが，これらのサービスを単にプラットフォームとみなして特徴を述べるだけでは，これらが労働市場でどのような機能を果たしているのかを考えるうえでやや不十分である。次節では労働市場媒介者に関する研究を参照し，議論を進めたい。

---

1) 2019年の夏，リクルートが38社に対し，大学生の個人情報を同意なきまま提供していたことで個人情報保護委員会の勧告をうけた（詳細は妹尾, 2019）。リクルートは，大学生の同意を得ずに，リクナビの閲覧履歴のデータを用いて内定辞退を予測し，その結果を企業に販売していた。大学生からすると，知らない間に内定辞退に関するスコアが割り当てられていたことになる。

▌3　透明に見える労働市場媒介者

●労働市場に関する研究

やや蛇足にはなるが，これまで就職情報サービスがあまり論じられてこなかった理由について確認しておきたい。

労働市場を扱ってきたのは，経済学のなかでも労働経済学と呼ばれる分野である。労働経済学は，労働力調査や就業構造基本調査などの公的統計を用いて労働市場の需要−供給について分析を行ってきた。しかし需要−供給は統計的に扱われるため，求人企業や求職者の具体的な活動や行為について議論されることはほとんどない。山本（2019：62：2021：217）は，現実の市場において何が起こっているのか，需要や供給はいかにして形成され，出現し，どのように出会い，どのようなやり方で取引するのかを経済理論は明らかにしてこなかったと指摘する。

社会学も新規大卒労働市場を研究対象としてきた。これを扱う研究の主な潮流として，学歴や出身階層によってどのような就職機会を持つのか，といった教育社会学の研究を挙げることができる。これらは大学生がどのように活動するのかを取り上げてはいるものの

2）口コミサイトの特徴についても少し述べておきたい。大学生を対象とした就職情報に関する口コミサイトは大学生どうしが選考に関する情報をやりとりするプラットフォームである。サイトによって事業は異なるものの，概ね①登録・閲覧している大学生に求人広告を提示する②登録・閲覧している大学生を他企業の求人広告へと誘導する③口コミサイトによって，学生の行動を把握し採用マーケティングに用いる，といった広告・コンサルティング業となっている。口コミを書く就活生や内定者は，サイトの運営者からみれば，そのサイトへ学生を誘引するためにタダ働きしてくれる存在である。場合によっては，内定者など口コミを行った者に，報酬が支払われることもある。他方で，これらは大学生と企業を直接結びつけることを主な機能としていないため，本章の議論の対象としなかった。このサービスが労働市場にどのような影響を及ぼすのかに関する詳細な検討は別稿に譲りたい。

（苅谷・本田, 2010 など），労働市場の解明それ自体は主要な関心ではない。近年，労働社会学者が労働市場の社会学の発展可能性を論じ（小川, 2013），職業紹介の研究に着手しはじめている（小川, 2017 など）。労働市場に関心が持たれるようになった理由は，標準的とされてきた日本的雇用が崩れ始め，雇用が流動化したことに伴って，労働市場における媒介者の影響力が増してきたことが大きいだろう。だが，労働市場における情報流通を扱った研究は，とりわけ大卒労働市場に焦点を当てれば限られている（妹尾, 2020）[3]。

労働市場を扱う経済学的研究，社会学的研究双方において，求人側と求職側がどこで出会い，どのようなやり方で，何を交換しているのか，その交換の場（マーケットプレイス）は見過ごされてきたといえる。

●労働市場媒介者

しかし，冒頭にも述べたように，多くの大学生にとって就職情報サービスは，就職活動に欠かせないものとなっている。言い換えれば，求人側と求職側をつなぐ媒体の存在なくして，両者の接点は想像しにくくなっている。こうした変化から，2000 年代後半以後経済学，経営学，社会学を中心に「労働市場媒介者」，すなわち Labor Market Intermediaries（LMIs）が着目されるようになってきた（Autor, 2009；Bonet et al. 2013；Sharone, 2017）。労働市場媒介者はオンライン上の情報サービスにとどまらず，公的な職業安定所や人材派遣会社，配置換えサービスを含む概念として用いられている（Bonet et al. 2013）。ナビサイトや逆ナビサイトは，いずれも求人側と求職側を情報技術によって結ぶ労働市場媒介者といえる。労働市場で求職側（大学生）は自身にとってよい賃金，よい待遇の仕事を探し，そこに採用されるように自らのスキルを開示する。求人側（企業）は社内で

3）最新の知見として「就活メディア」を論じた山口（2023）を挙げることができる。

必要とする仕事の情報を提示し，スキルを持つ人材を求める。

　この労働市場媒介者は単に両者をつなぐだけではなく，スキルの価値付けに関わっている（ベッシー＆ショーヴァン，2018）。求職側と求人側を媒介する労働市場媒介者は決して透明な存在ではない。媒介者は情報の整理を行い，価値付けツールを創出し，普及させる。たとえば，人材会社は雇用主が求めるスキルの表象，労働者のスキルの表象を作り上げ，双方に伝達する。そうした企業は自らスキルの評価基準を設けて，ツールを創出し，普及させる。

　日本で用いられるナビサイトも，こうしたスキルや価値を設定してきたことが経験的に見てとれる。当初，求職者向けの情報の検索機能しかなかったナビサイトは，求人側（企業）の説明会の調整や企業へのエントリーが可能になるなど技術の発展とともに機能が追加され[4]，選抜の形式を提供している。ならびに，リクルートはSPIという能力判定のサービスを別途開発し，提供している（リクルートマネージメントソリューションズHP）。ナビサイトはマッチングの効率を高めるよう求人側・求職側双方に用いられるスキルを形作っていくような働きをする。

　逆ナビサイトは，ナビサイトが定着した労働市場において企業の採用情報が学生に見過ごされてしまう現象を逆手にとったものと考えられる。このサービスは，大学生に対してオファーを待つだけと言いつつ，一定程度の分量の自己PRを登録させるという別の手間を課す。この作業で，就職活動に積極的な学生やナビサイトでの情報探索に難を抱える学生をサイトに囲い込む。一方，企業側にも学生の情報を閲覧させ，オファーさせる手間を課す。企業側の手間を見ると，このサービスは多くの学生を一括して雇い入れる採用に不

---

4) 1997年1月号の『就職ジャーナル』における "Recruit Guide on the net"（現リクナビ）の紹介には記載されていないが，1998年1月号の『就職ジャーナル』におけるリクナビの紹介記事には「リクナビ就職手帳」の機能が記載されており，この機能により説明会の予約状況の確認が可能と記載されている。

向きなようにも見える。しかし，逆ナビサイトは成果報酬型もしくはサブスクリプション型（☞本書10頁）の支払い形態を取ることが多く，応募する学生が集まらない場合でも，ナビサイトと比べ費用がそれほどかさまない。これまでの簡便すぎるやりとりにあえて互いの手間を加えることでマッチングの効率を上げようとする仕組みをとっている[5]。

　逆ナビサイトは多くの企業の採用において必要とされる自己PRのフォーマットによってスキルとは何かを事前に定めている点でベッシーとショーヴァン（2018）が指摘する労働市場媒介者の価値付けの機能を持つ。

　ところで，この逆ナビサイトは一見すると LinkedIn のような SNS を用いたリクルーティングに近いようにも見える。たしかに，企業が大学生にオファーをするという形式はナビサイトと比べればこれらの SNS に近い側面がある。LinkedIn を用いたアメリカの就職 − 採用について論じたシャロン（Sharone, 2017）によると，自身の写真をアップロードしなければならない点や応募する企業に合わせたプロフィールではなく一貫したプロフィールを求められる点などのビジネス用 SNS の特徴が求職者にジレンマをもたらすという。これらの特徴は逆ナビサイトにもあてはまる。しかし，LinkedIn は個人のネットワークを用いている点で逆ナビサイトと異なる。少なくとも現時点で，逆ナビサイトの機能を見る限りはネットワークの構築を目的とはしていない。

5）たとえば，逆ナビサイトである OfferBox の HP によると，「どのような採用ニーズやシーンに使えますか？」という質問に対し，「多くのエントリー学生を管理をする手間，時間を削減したい場合。OfferBox なら「会いたい学生」だけにオファーを送信することができます。採用学生の質が下がったと感じる場合。OfferBox では通常のエントリーシートからは伝わらない学生のプロフィールを確認できるため，御社が求める採用像とのミスマッチが起こりくいサービスです」と記載されており，これまで想定されていた「手間」を削減するものとしての利用が想定されている〈https://offerbox.jp/company/faq（最終閲覧日：2023年3月10日）〉。

ここまでナビサイトや逆ナビサイトの機能について労働市場媒介者という概念を用いて説明してきた。新卒就職－採用に関わる就職情報サービスは現状の求職側・求人側双方のコストを下げるような働きをしつつ, そのうえで, 多くの企業・大学生が使用することによりスキルの標準化を進展させている。ただし, そこで求められるスキルやオファーは大学生の採用を前提としたものであった。むしろ, ある媒介者が支配的となったことによって増大したコストを異なる媒介者で軽減しようとさえしている。いずれにせよ, これらの媒介者が企業に求められるスキルを標準化し, そのスキルによって求職者が選別される状況が維持されているといえそうだ[6]。

4 大学生と企業を媒介するプラットフォーム

本章ではプラットフォーム研究と労働市場媒介者 (LMIs) に関する研究を参照しながら, ナビサイト・逆ナビサイトがプラットフォームであること, また既存の労働市場を前提としつつ, そこで求められるスキルをプラットフォームが形成していくことをみてきた。これらは労働市場の需要－供給を単に媒介しているだけではなく, 価値付けとその基準 (ルール) を決めるものともいえる。固有の市場を前提にプラットフォームに機能が追加されていく様子やそれにより増えた手間を別のプラットフォームで軽減しようとする様子も確認できた。

就職情報サービスは仕事に希望を抱く大学生のみならず, 仕事を探すことが面倒な大学生をも見張りと見守りによって囲い込み, 労働へと駆り立てていく (☞本書第10章)。こうした, さまざまなアクターをつなぐプラットフォームはその都度必要とされた機能を加え

---

6) コロナ禍において, 求人側と求職側の直接の接触が困難になったことは, こうした媒介者への依存を高めることにつながる可能性を垣間見せた。
7) 2021年はコロナ禍で対面での面接を躊躇する企業もあった。それゆえ, 自己PR動画を学生に投稿させるようなサービスも展開されていた。

つつ今後も発展を遂げていく。これらが導入されたとき，その場でどのような機能を果たし，何が変化していくのか，現代社会の把握のために見きわめる必要があるだろう。プラットフォームによる価値付けは労働市場の流動化や再編とも大きく関わる。これを執筆している 2021 年にも新規大卒労働市場に適合的なプラットフォームが新たに形成されていた[7]。求職側・求人側が用いる新たなサービスが今後どのような価値を提供していくのか，この課題はぜひそれを利用する読者にこそ考えてもらいたい。

◉ディスカッションのために
①ナビサイト，逆ナビサイト，口コミサイトについて，本文中の記述を要約し，その違いを説明してみよう。
②読者の皆さんが用いている，あるいは用いてみたい就職情報サービスを一つ取り上げて，その機能を考えてみよう。
③オンライン上のナビサイトや口コミサイトについて人事担当者向けの資料を見つけ出し，そのサービスが企業側で果たす機能について考えてみよう。

【引用・参考文献】
岩内亮一（1995）．「「就職活動プロセス」の質的側面」苅谷剛彦［編］『大学から職業へ』広島大学大学教育研究センター, pp. 14-24.
小笠原祐子（2014）．「ライフコースの社会学再考——ライフサイクル視点再導入の検討」日本大学経済学部編『研究紀要 一般教育・外国語・保健体育』75: 139-153.
小川慎一（2013）．「日本における労働市場の社会学の展開——労働移動の研究を中心に」『横浜経営研究』34(1): 1-19.
小川慎一（2017）．「政府による高度ホワイトカラー職業紹介事業の創出——人材銀行の誕生とその背景」『横浜経営研究』38(1): 23-47.
株式会社リクルートホールディングス「グループ事業概要」〈https://recruit-holdings.co.jp/what/services/（最終閲覧日：2021 年 9 月 23 日）〉
株式会社リクルートマネージメントソリューションズHP「適正検査「SPI」とは」〈https://www.recruit-ms.co.jp/freshers/spi-001.html（最終閲覧日：2021 年 9 月 24 日）〉
苅谷剛彦・木田由紀［編］（2010）．『大卒就職の社会学——データからみる変化』

東京大学出版会

斎藤拓也 (2007). 「就職活動」本田由紀 [編] 『若者の労働と生活世界——彼らは どんな現実を生きているか』大月書店, pp. 185-217.

スルネック, N. ／大橋完太郎・居村　匠 (2022). 『プラットフォーム資本主義』人 文書院〔原著：2017〕

『就職ジャーナル』1997 年 1 月号

『就職ジャーナル』1998 年 1 月号

新卒採用. jp (2012). 「就職支援アプリへと進化した「リクナビ 2014」 学生一人ひとりに異なる「リクナビ」を提供」(株式会社リクルートキャリ ア岡崎仁美リクナビ編集長インタビュー記事)〈http://navi.hr-recruit.jp/ articles/recruit2014 (最終閲覧日：2021 年 9 月 23 日)〉

妹尾麻美 (2019). 「リクナビ「内定辞退率の提供」を可能にした HR テクノロジーと 就職活動のこれから」Wezzy〈https://wezz-y.com/archives/68522 (最終閲覧日： 2021 年 9 月 24 日)〉

妹尾麻美 (2020). 「企業・大学生を媒介する就職情報サービスの変化——90 年代 から 00 年代における活動時期の検討を通じて」『年報人間科学』41: 37-51.

ベッシー, C., & ショーヴァン, P. -M. ／立見淳哉・須田文明 [訳] (2018). 「市場 的媒介者の権力」『季刊経済研究』38 (1・2): 19-50.〔原著：2013〕

山口 浩 (2023). 『就活メディアは何を伝えてきたのか』青弓社

山本泰三 (2019). 「なぜ経済学の行為遂行性が問題となるのか——M. カロンらの 所説について」『季刊経済研究』39 (1・2): 55-70.

山本泰三 (2021). 「価値づけと利潤のレント化——現代資本主義への視角」『経済 地理学年報』67: 213-222.

Autor, D. H. (2009). Introduction. In D. H. Autor (ed.), *Studies of labor market intermediation*. Chicago: University of Chicago Press. pp. 1-23.

Bonet, R., Cappelli, P., & Hamori, M. (2013). Labor market intermediaries and the new paradigm for human resources. *The Academy of Management Annals*, 7 (1): 341-392.

OfferBox HP 「よくある質問」〈https://offerbox.jp/company/faq (最終閲覧日： 2023 年 3 月 16 日)〉

Sharone, O. (2017). Linkedin or Linkedout? How social networking sites are reshaping the labor market. In S. Vallas (ed.), *Emerging conceptions of work, management and the labor market* (Research in the sociology of work Volume 30). Bingley: Emerald Publishing. Kindle.

Chapter 03

プラットフォームの労働者たち
ギグ・ワーカーを社会保障制度にどう位置づけるか

金 埈永

Key Words：プラットフォーム労働者（ギグ・ワーカー）／デジタル労働プラット
フォーム／クラウドワーカー／オンデマンドワーカー／社会保障制度

● Uber Eats のウェブサイト＊ 「オンデマンドワーカー」を説明しよう。日本でも路上でよ
くみられる Uber Eats 配達員が代表例である。［…］その仕事の内容は，ネットがない時代か
ら行われてきた従来の仕事と変わらない場合が多い。従来の仕事がプラットフォーム労働化
された一例として，Uber Eats などの飲食品デリバリーがある（☞ 本章 35 頁）

● クラウドワークスのウェブサイト＊＊ 日本でもクラウドワークスなどのオンライン人材
マッチングプラットフォームがあるが，そこで企業とマッチングされる「クラウドワー
カー」は，顧客と直接対面することなく，すべての作業過程をオンライン上のみで実行
しうる。そのため，地理的な制約を受けることなく，労働市場を世界的に形成すること
も可能である。（☞ 本章 36 頁）

＊https://www.ubereats.com/（最終閲覧日：2023 年 3 月 13 日）
＊＊https://crowdworks.jp/（最終閲覧日：2023 年 3 月 13 日）

1　はじめに

　デジタル技術の進展は労働の世界を変容させている。近年，ビッグデータの活用やクラウドコンピューティングの普及と結合したデジタル技術の進展によって，「デジタル労働プラットフォーム」という新しいビジネスモデルが急増している (ILO, 2021)。デジタル労働プラットフォームは，「アルゴリズム的方法で労働サービスの取引を調整するデジタルネットワーク」と定義される (Pesole et al., 2018)。

　ネット（インターネット）やアプリ（アプリケーション）などのデジタル労働プラットフォームによって，人間の労働がより小さい課業に分割され，仲介・取引されることが技術的に可能になっている。この 10 年で，デジタル労働プラットフォームは全世界的に急増した。特に，2020 年 2 月以降に始まった新型コロナウイルス感染症の世界的大流行（パンデミック）により，デジタル労働プラットフォームは成長の勢いをさらに増し，それに伴って労働プラットフォームを介して働く「プラットフォーム労働者」も急増している。日本でも，新型コロナウイルス感染拡大の影響で外出自粛が広がった 2020 年以降，スマホやアプリ等でフードデリバリーサービスを利用する人が増えている[1]。

　プラットフォーム労働は，「組織または個人が，収入を目的に，オンラインプラットフォームを利用して他の組織または個人にアクセスし，特定問題を解決したり，特定サービスを提供したりする就業形態」(Eurofound, 2018) と定義される。本章では，プラットフォーム労働の登場がどのように労働の世界に影響を及ぼしているのか，そして，この新しい就業形態の増加に伴い社会制度をどのように改

---

1) ICT 総研の推計では，アプリやインターネット注文によるフードデリバリーサービス利用金額は，2018 年 3,631 億円だったが，2019 年には 4,179 億円へと拡大した。新型コロナウイルス感染拡大の影響が及び始めた 2020 年には 4,960 億円へと市場規模が大きく伸びた（『日本経済新聞』，2021 年 4 月 5 日）。

革すべきかを検討する。第2節ではプラットフォーム労働の概念を
検討し，第3節では2021年に韓国で実施された「広義のプラット
フォーム労働者の規模推定と労働実態調査」の結果を中心に，プ
ラットフォーム労働者が直面している労働環境とリスクをまとめる。
第4節では，プラットフォーム労働の増加が社会に及ぼす影響につ
いて考察する。第5節では，プラットフォーム労働の増加など雇用
関係の多様化に対応するための，社会保障制度の改革の方向性につ
いて述べる。

2　プラットフォーム労働とは何か

◉プラットフォーム労働の類型

　プラットフォーム労働者 (ギグ・ワーカー) は，以下の二つに大別さ
れる。(1) デジタル労働プラットフォームを介して得た仕事を受託
し，顧客と直接接触せずに，オンラインを介してサービスや商品を
提供する「クラウドワーカー」と，(2) 飲食品配達員やタクシー運
転手のように，デジタル労働プラットフォームを介して得た仕事が，
特定の地理的な空間に所在する人によって遂行され，顧客との直接
接触によってサービスが提供される「オンデマンドワーカー」であ
る (De Stefano, 2016)。この10年でクラウドワーク型プラットフォー
ムは3倍以上に，オンデマンドワーク型プラットフォームは10倍
以上の規模となった (ILO, 2021)。

　まず「オンデマンドワーカー」を説明しよう。日本でも路上でよ
くみられる Uber Eats 配達員が代表例である。オンデマンドワー
クはサービスの提供範囲に地理的な制約があり，労働市場は限定
的な地域レベルに形成される (De Stefano, 2016)。その仕事の内容は，
ネットがない時代から行われてきた従来の仕事と変わらない場合
が多い。従来の仕事がプラットフォーム労働化された一例として，
Uber Eats などの飲食品デリバリーがある (図3-1)。

　かつて飲食品の配達業務は，飲食店に直接雇用された店員によっ

a. 従来の飲食品デリバリー

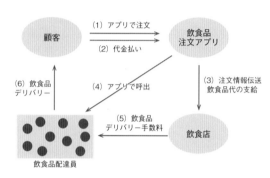

b. 飲食品デリバリーアプリを介した飲食品デリバリー業務

図3-1 飲食品デリバリー労働の変化
出所：金（2020：71），一部修正。

て行われていた。だが飲食品デリバリーアプリが開発されて普及した結果，以前は店員の仕事であった飲食品デリバリー業務を，オンデマンドワーカーが行うようになった。その変化によって，飲食品デリバリーを行う労働者の就業形態は直接雇用（賃金労働）から間接雇用（自営業者または独立契約者）へと変わり，報酬形態は賃金からデリバリー手数料へと変わったのである。しかし飲食品配達員の仕事内容は，かつて飲食店に雇用されていた店員とほとんど変わらない（金, 2020）。

　一方，日本でもクラウドワークスなどのオンライン人材マッチングプラットフォームがあるが，そこで企業とマッチングされる「クラウドワーカー」は，顧客と直接対面することなく，すべての作業過程をオンライン上のみで実行しうる。そのため地理的な制約がなく，労働市場を世界的に形成することも可能である。クラウドワーカーが遂行する業務は，データ入力などの単純なマイクロタス

クから，翻訳，法律相談，金融サービス，デザインなどの創作活動，IT関連（ソフトウェアやプログラム開発など），データ分析，コンテンツのモデレーションのような専門性と創造性が必要な高熟練の業務まで，さまざまである。

　グローバル化されているクラウドワーク労働市場では，先進国の顧客（企業や個人）が注文した仕事を，先進国の労働者より賃金レベルが低い開発途上国の労働者が遂行する場合が多い。その一例として英語校正サービスが挙げられる。

●プラットフォーム労働の規模

　プラットフォーム労働の実際の規模を把握することは，現状ではかなり難しい。ここではまず，2021年5月に韓国で行われた「広義のプラットフォーム労働者の規模推定と労働実態調査」[2] の内容をみよう。それによれば，2021年時点の韓国の15-69歳の就業者（2,588万人）の中で，プラットフォーム労働者が占める割合は2.6%（66万人）であると推定された（金ほか, 2021）。

　2014年から2021年に欧米や韓国の調査機関や研究者が実施した調査結果をまとめると，就業者におけるプラットフォーム労働者の割合は0.4～10%であり，国によって非常に大きな差がある（表3-1）。これは，各研究がそれぞれ異なるプラットフォーム労働の定義と調査方法に基づいて推計を行なっているためでもあり（Urzi Brancati et al., 2020；金, 2020）国ごとの規模を比較するのは容易ではない。

　先行研究を総合すると，プラットフォーム労働者が就業者全体に占める割合は，多くても5%ほどで，他の就業形態に比べて規模が大きいとはいえない（表3-1）。しかしデジタル労働プラットフォームの成長の勢いを考えると，それを介して働くプラットフォーム労働

---

2) この調査は，2021年8月に，韓国で無作為に抽出された15-69歳の人口5万人のサンプルを対象に，韓国雇用情報院が実施した調査である。この調査の詳しい内容は 金ら（2021）を参照。

表 3-1　プラットフォーム労働の規模を推定した主な研究
出所：金（2020：84），各資料に基づいて筆者作成。

国　家	研究者（機関）	調査時点	調査方法	プラットフォーム労働者の規模
米　国	米国労働統計局（BLS）	2017 年 5 月	CPS 付加調査（CWS）	就業者の 1.0%（161 万人）
	Farrell et al.（JP Morgan）	2018 年，第 1 四半期	銀行の取引記録	銀行の取引を行った顧客の中で 1.6% が最近一ヶ月間でプラットフォーム経済に参加
	米国財務省	2014 年	租税データ	賃金労働者の 0.7%
	Katz & Krueger	2015 年	標本調査	就業者の 0.5%
イギリス	Pesole et al.	2017 年	標本調査	成人の 7.7% が月 1 回以上プラットフォーム経済に参加
	Balaram et al.	2017 年	標本調査	労働力人口の 2.0% が週 1 回以上プラットフォーム経済に参加
	Huws et al.	2017 年	標本調査	労働力人口の 4.7% が週 2 回以上プラットフォーム経済に参加
ドイツ	Pesole et al.	2017 年	標本調査	成人の 8.1% が月 1 回以上プラットフォーム経済に参加
	Huws et al.	2017 年	標本調査	労働力人口の 6.2% が週 1 回以上プラットフォーム経済に参加
韓　国	金埈永ら	2018 年	標本調査	15 歳以上の就業者の 1.7-2.0%
	金埈永ら	2021 年	標本調査	15-69 歳の就業者の 2.6%

者も，これから全世界的に増えていくと見込まれる。

3　プラットフォーム労働者の労働条件：韓国を中心に

　前述の韓国の調査によれば，プラットフォーム労働の仕事は，必ずしも副業とは限らず，すでに主な収入源になっている（図 3-2）。「主なプラットフォーム労働者」（労働プラットフォームを介して得た収入が総収入の 50% 以上，かつ労働プラットフォームでの労働時間が週平均 20 時間以上）の割合は，韓国のプラットフォーム労働者の約 44% を占める。特にオンデマンドワーカーではこの「主なプラットフォーム労働者」の

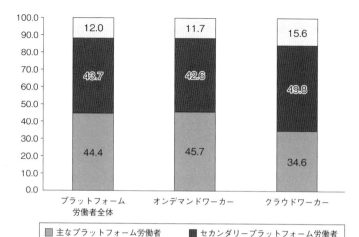

図 3-2　韓国におけるプラットフォーム労働者の構成（2021 年）
出所：「広義のプラットフォーム労働者の規模推定と労働実態」韓国雇用情報院（2021）
注：1.「主なプラットフォーム労働者」および「マージナルプラットフォーム労働者」の定義は本文の通り。
　　2.「セカンダリープラットフォーム労働者」は，プラットフォーム労働者の中で，「主なプラットフォーム労働者」にも「マージナルプラットフォーム労働者」にも属していない者と定義する。

割合が 46% に達しており，副業の割合が高いクラウドワーカーでも 35% である（金ほか, 2021）。これに対して，「マージナルプラットフォーム労働者」（プラットフォーム労働の所得が総所得の 25% 未満，かつ労働プラットフォームでの労働時間が週平均 10 時間未満）の割合は，オンデマンドワーカーで 12%，クラウドワーカーで 16% に過ぎない。

　プラットフォーム労働者の職業別の分布は，オンデマンドワーカーとクラウドワーカーとで大きく異なる（表 3-2）。オンデマンドワーカーは，運送・配達（飲食品デリバリー，代行運転など）の割合が 75.9% と圧倒的に高い。それに続いて専門サービス（通訳, 教育, 相談, 個人教習など），家事・育児・ケア労働，飲食・販売サービスの順に多い。一方，クラウドワーカーは，データ入力など単純なマイクロタスク，専門サービス，IT 関連（アプリ・ソフトウェア開発, ウェブページ制作），

表 3-2 韓国におけるプラットフォーム労働者の職業別規模（%）
出所：「広義のプラットフォーム労働者の規模推定と労働実態」韓国雇用情報院（2021）

オンデマンドワーカー		クラウドワーカー	
職　業	割合（%）	職　業	割合（%）
運送・配達	75.9	単純なマイクロタスク（データ入力など）	34.5
専門サービス	6.8	専門サービス	27.2
家事・育児・ケア労働	6.1	IT 関連（アプリ制作など）	18.1
飲食・販売サービス	5.2	創作活動（美術など）	17.5
その他	6.0	その他	2.7

創作活動（美術，YouTube，デザイン）の順に割合が大きい（表 3-2）。

　同調査によると，月当たり総収入（税引き後）は，クラウドワーカーが 204 万ウォン（日本円換算で約 20.4 万円）で，オンデマンドワーカーの 189 万ウォン（約 18.9 万円）より 7%ほど高いが，2020 年の韓国の賃金労働者全体の平均賃金である 276 万ウォン（約 27.6 万円）[3] と比べると，35 〜 46%低い。プラットフォーム労働のみで得た収入は，オンデマンドワーカーが 122 万ウォン（約 12.2 万円）で，クラウドワーカーの 115 万ウォン（約 11.5 万円）より高い。プラットフォーム労働で得た収入が総収入で占める平均割合は，オンデマンドワーカーは 64.6%，クラウドワーカーは 56.4%である。

4　プラットフォーム労働が及ぼす影響

　すべての社会経済的な変化と同じように，プラットフォーム労働にも，過去からの「断絶性」と「連続性」がある。プラットフォーム労働の断絶性とは，デジタル技術の進展と普及によって登場した新しい就業形態だということである。一方，連続性は，この就業形態が，第二次世界大戦後に先進国で成立したフォーディズム的雇用関係[4] が 1970 年代中盤から解体され，派遣や契約社員などの非典

3）出所は，雇用労働府，「雇用形態別勤労実態調査」（2020 年）。

型・非正規雇用形態が増加してきた流れの延長線上で現れた，非典型的就業形態の一つだという点に見出せる（金, 2020）。

　フォーディズム的雇用関係では，労働者は使用者（企業）と長期的な雇用契約を結び，賃金と雇用は，労働関連法や規制によって保護される。たとえば，不況期に入っても使用者は労働者をすぐに解雇できず，事前に定められた賃金を一定期間払いつづけなければならない。これは労働者にとっては雇用と収入の「安定性」であるが，企業の立場では，不況になっても雇用量と賃金を調整できない「硬直性」となる。

　これに対してプラットフォーム労働の場合は，不況で仕事量が減少すると，それに応じて労働者の収入が減る。その収入の減少分は，企業にとって，不況でも確保できる利益になる。不況で仕事が減ると，困るのは企業ではなく労働者の方である。

　このような説明は，労働市場の「安定性」と「柔軟性（フレキシビリティ）」という概念で整理できる（宇仁, 2020）。安定性とは，労働市場で変動があっても，労働者の雇用や賃金を保障することである。柔軟性は，労働市場の環境および需要の変動に応じて，雇用量・賃金・労働時間を弾力的に調整することである。企業側にとっての柔軟性は，労働者にとって，不況のときに解雇されたり，賃金が下がったりする不安定性を意味する。

　通常は，柔軟性と安定性の間にはトレードオフ（対立関係）が存在する。従来の賃金労働者は安定性が高く，柔軟性が低い。それに対してプラットフォーム労働者は，安定性が低く，柔軟性が高い。プ

4）フォーディズム的雇用関係は，第2次世界大戦後に成立した，フォーディズムという生産システムの雇用関係である。労働者が単純繰り返し作業というテイラー主義的作業方式を受容する代わりに，使用者は労働者の賃金上昇，雇用安定，そして労働時間の短縮という労働条件の改善を保障する。フォーディズムは，国によって差はあれ，アメリカを中心として先進諸国で長期間にわたって維持されたが，1970年代の中盤に危機に陥ることになった。

ラットフォーム労働者の増加が社会に及ぼす影響は，主にその「高い柔軟性」と関連している（宇仁, 2020）。

●肯定的影響

　プラットフォーム労働の影響は，労働者に及ぼす影響と，企業（および消費者）に及ぼす影響に分けて考えられる。労働者への良い影響としては，労働プラットフォームの発展によって，障がい者，既婚女性，老人，移民労働者など，従来はフルタイムで働きにくかったり就職機会が限られていたグループの労働市場への参加が容易になり，就職の機会が広がったことが挙げられる。欧州では，オンデマンドワークは移民労働者にとって主な就労機会の提供源となっている（ILO, 2021）。

　また，労働者自身が自分の仕事，仕事量，労働時間を選択できることも，プラットフォーム労働の良い点である。従来の賃金労働者は，毎日決められた場所に出勤し，8時間以上働かなければならない。プラットフォーム労働では建前上，この拘束が弱く，自分の仕事量と労働時間を選択できるため自律性が高いといえる。欧州で行われた調査によると，プラットフォーム労働者がプラットフォーム経済に参加する最も重要な理由として挙げられたのが，この自律性である（Pesole et al., 2018；Urzi Brancati et al., 2020）[5]。

　企業にとっては，従来の賃金労働者のかわりにプラットフォーム労働者を使用すると，柔軟性が高まり，不況期でも利益を確保することが容易になる。従来は配達サービスを行っていなかった小規模の飲食店も，オンデマンドワーカーを利用して配達サービスを行う

5）しかし，プラットフォーム労働者の自律性は限定的であるという指摘もある。プラットフォーム労働者は自分が好む時間帯ではなく，注文が集中する特定の時間帯（多くは深夜，あるいは夜明け）に働く場合が多い（Florisson & Mandl, 2018）。また，特に，運転・配達・家事労働は，労働プラットフォームから，制服の着用や仕事の実行方法などに関する厳格な業務指示を受けることも多い。

表 3-3　韓国における就業形態別の社会保険加入率の比較（2021 年）
出所：プラットフォーム労働者の社会保険の加入率は金埈永ら（2021）から，賃金労働者全体と正規賃金労働者の加入率は，雇用労働府，「雇用形態別勤労実態調査」（2020 年）から計算

	雇用保険	労災保険
賃金労働者全体	90.3	97.8
正規賃金労働者	94.4	97.9
オンデマンドワーカー	31.0	32.0
クラウドワーカー	37.8	24.0

ことができるようになり，それが飲食業の成長にもつながる。特に新型コロナウイルス感染症のパンデミック以降，飲食業の配達デリバリープラットフォームへの依存は大きくなっている。

●否定的影響

　労働者にとって，プラットフォーム労働の悪い影響は，安定性の低下である。プラットフォーム労働者の仕事量と収入は市場の変動によって急激に変動する。それは労働者の立場からみれば，雇用と収入の不安定化である。

　プラットフォーム労働者の収入が従来の賃金労働者に比べてかなり少ないことは，前述したとおりである。ところが，より深刻な問題は，両者の間で，社会保険加入率の格差が収入の格差以上に大きいことである（表3-3）。労働プラットフォーム事業者（企業）は，プラットフォーム労働者を従業員でなく自営業者（独立契約者または個人事業主）として扱うことによって，社会保険の加入義務，賃金や労働時間の適切な管理，団体交渉応諾義務などの使用者としての責任を負わずに済まそうとする。

　そのため，多くのプラットフォーム労働者は，最低賃金制や，失業保険などの社会保障制度から除外されており，従来の賃金労働者に当然のように与えられてきた労働法上の権利からも排除されている。プラットフォーム労働者は，仕事中にけがをしても労災保険から治療代などの支援を受けられず，仕事を失っても失業給付を得ら

表3-4 プラットフォーム労働者と従来の賃金労働者との比較
出所：金（2020：76），一部修正。

	プラットフォーム労働者	従来の賃金労働者
作業場所	労働者の家，路上，もしくは顧客が要求する場所（流動的）	企業，工場，オフィスなど共同作業空間（固定的）
作業決定	労働プラットフォームによる仲介（多くの場合，先着順）	雇用契約と作業開始までの使用者の命令
労働収入	実行された作業量によって事後的に決定	作業開始に，賃金の形で決定
契　約	労働プラットフォームと雇用契約ではなく，請負契約を結ぶ場合が多い	使用者と期間の定めのない雇用契約を締結

れない。

　現在，先進国が運営している社会保険（失業保険，労災保険，障害保険，退職年金など）は，国ごとに違いはあるが，おおむね雇用に基礎づけられており，その社会保険の受給資格は，ある期間以上雇用され，使用者と共に社会保険料を納付した標準的賃金労働者のみに与えられる（金，2020）。雇用契約を結んでおらず，社会保険料を払ってくれる使用者もいないほとんどのプラットフォーム労働者は，こうした社会保険から排除されるしかない（Collier et al., 2017）。現状の社会保険制度と労働法では，使用者と直接雇用契約を結んでいない非典型・非正規労働者を保護するには明らかに限界がある。また，社会保険と労働法から保護されないこと以外にも，プラットフォーム労働は，従来の賃金労働に比べてさまざまな側面で不利になっている。

5　プラットフォーム労働者保護のための制度改革

　労働市場における安定性と柔軟性の間の関係は，一般的にトレードオフ（対立関係）であるが，組み合わせによっては両方を同時に高めることができる。雇用の高い柔軟性を維持しながら社会保障によって労働者の生活を守るデンマークなど，スカンジナビア諸国の労働市場がその例である。安定性と柔軟性を同時に高いレベルで維持する政策は「フレキシキュリティ政策」と呼ばれる。プラット

フォーム労働者の柔軟性は十分すぎるほど高いので，安定性を高める方向での制度改革が必要である。

　この制度改革は，三つの方向性が考えられる。第一に，就業形態の「誤分類」を修正することである。誤分類とは，実質的に賃金労働者として働いている者を従業員（賃金労働者）ではなく独立請負業者や自営業者としてラベル付けすることを指す（ILO, 2016）。こうした誤分類により，使用者は雇用保険と労災保険のような社会保険料の負担を避けることができるが，労働者は，失業保険や労災保険といった社会保障を失うことになる。誤分類の修正は，プラットフォーム労働者をはじめとする多様な非定型労働者の社会的保護を拡大するために，優先的に行うべきである（ILO, 2016）。

　第二に，プラットフォーム労働に対して，労働契約や最低賃金制など労働条件上の権利，および団体協約や団体行動の権利などの労働法的な権利を認定することである。これについては，アメリカ・カリフォルニア州で 2019 年 9 月に成立した，独立事業主をより厳しく定義する新法が参考になる。「AB-5」と呼ばれたこの法律は，独立事業者と認められる条件を，①労働者が会社の管理・監督から自由であること，②労働者の業務が会社の通常業務の領域外であること，③会社と同じ分野で独立した事業を行っていること，と定めている。プラットフォーム企業がこの 3 条件すべてを証明できない限り，企業はプラットフォーム労働者を独立事業主ではなく「従業員」として扱わなければいけない。AB-5 は 2020 年 11 月の住民投票によって無効になったが，プラットフォーム労働者に賃金労働者と同じ労働法上の権利を与えようとした試みとして，今後重要な事例になると考えられる。

　第三に，既存の「賃金労働者」中心の社会保険制度を，プラットフォーム労働者を含む非典型労働者や自営業者を包括する「働く人（就業者）」全般の社会保険制度に再編することである。前述のように，多くの国の社会保険制度は標準的賃金労働者だけを保護対象としており，自営業者，フリーランサー，プラットフォーム労働者のよう

な非典型賃金労働者に対する保護は極めて弱い。

　社会保険の適用範囲を「賃金労働者」から「働く人」に拡大するためには，社会保険拠出率の決定基準を，「賃金」から「所得」(自営所得を含む)に変更する必要がある。近年このような方向で社会保険制度を改革したフランスとデンマークなど，欧州の事例が参考になる[6]。社会保険の適用対象を「働く人」全般に拡大するための前提は，自営業者とプラットフォーム労働者のような非典型賃金労働者に対する所得捕捉率を高めることである。特に，国をまたいで業務を受託しているクラウドワーカーの所得を捕捉するためには，一国ではなく国際的な協力体制と議論が必要である。これには，OECD や ILO などの国際機構の役割が重要となろう。

　また，プラットフォーム労働者などの非賃金労働者は，仕事や労働時間の決定における自律性が高いので，賃金労働者に比べて，失業など不安定的な状態に陥ったかどうかの判別が明確ではない。このように，自営業者やプラットフォーム労働者を社会保険制度の中で扱うことによって起きると予想されるさまざまな問題とその解決策について，十分に検討しなければならないだろう。

●**ディスカッションのために**
①オンデマンドワーカーとクラウドワーカーについて，本文中の記述や図表を参照しながら要約し，それぞれ，従来の労働者とどう違うか説明してみよう。
②「労災保険」という制度について，どういう制度か調べてみよう。
③飲食品デリバリーを行うオンデマンドワーカーにとって「労災保険」という制度がなぜ必要か，理由を考えてみよう。また，日本では現状どのような制度になっているのか，調べてみよう。

---

6) 最近の欧州各国で行われた社会保険制度の改革の詳しい内容については，金（2020：92-93）を参照。

【引用・参考文献】

金 埈永・ジャンゼホ・キムカンホ（2021）.『韓国における広義のプラットフォーム労働者の規模推定と労働環境の分析』韓国雇用情報院（韓国語）

金 埈永（2020）.「韓国におけるプラットフォーム労働の増加と社会保障の課題」宇仁宏幸・厳 成男・藤田真哉［編］『制度でわかる世界の経済——制度的調整の政治経済学』ナカニシヤ出版, pp. 68-95.

金 埈永・コンヘザ・チェキソン（2018）.『プラットフォーム経済従事者の規模推定と特徴分析』韓国雇用情報院（韓国語）

宇仁宏幸（2020）.「外国経済特殊講義 6 月 9 日の資料（プラットフォーム労働の増加と社会保障の課題）」（未発刊資料）

Collier, R. B., Dubal, V. B., & Carter, C.（2017）. Labor platforms and gig work: The failure to regulate. *IRLE Working Paper* No. 106-17.

De Stefano, V.（2016）. The rise of the "Just-in-time workforce": On-demand work, crowd work and labor protection in the "gig-ecomomy". *Conditions of Work and Employment Series*, 71. Geneva: International Labour Office.

Eurofound（2018）. *Employment and working conditions of selected types of platform work*. Luxembourg: Publication Office of the European Union.

Florisson, R. & Mandl, I.（2018）. *Platform work: Types and implications for work and employment: Literature review*. Working paper WPEF18004, Dublin: Eurofound.

Huws, U., Spencer, N., Syrdal, D. S., & Holts, K.（2017）. Work in the European Gig Economy. *FEPS*, UNI Europa and University of Hertfordshire, November 2017.

ILO（2016）. *Non-standard employment around the world: Understanding challenges, shaping prospects*. Geneva: International Labour Office.

ILO（2021）. *World employment and social outlook 2021: The role of digital labour platforms in transforming the world of work*. Geneva: International Labour Office.

OECD（2019）. *Measuring the Digital Transformation: A Roadmap for the Future*. Paris: OECD Publishing.

Pesole, A., Urzì Brancati, C., Fernández-Macías, E., Biagi, F., & González Vázquez, I.（2018）. *Platform Workers in Europe*. EUR 29275 EN, Publications Office of the European Union, Luxembourg.

Urzì Brancati, C., Pesole, A., & Fernández-Macías, E.,（2020）. *New evidence on platform workers in Europe. Results from the second COLLEEM survey*, EUR 29958 EN, Luxembourg: Publications Office of the European Union, 2020.

Decoding
Platform
Capitalism

第 II 部
プラットフォームを織りなす
アクターたちとイメージ

Chapter 04

検索プラットフォームの生態系
さまざまなアクターが構築するアルゴリズム

宇田川敦史

Key Words：検索エンジン／ Google ／ランキング／アルゴリズム／アーキテクチャ／ SEO ／ウェブマスター／ユーザー

● Chrome でアクセスした Google のウェブサイト＊。「ググる」という動詞は，巨大検索プラットフォーム「Google」で検索することを意味する。現代のメディア環境において「Google を使ったことがない」という人は少数派といえるだろう。（☞本章 52 頁）

●「Web 担当者 Forum：「SEO」カテゴリの記事」のウェブサイト＊＊。 日本でも，［…］SEO の知識を共有する場が複数あるが，とくに有名なのは「Web 担当者 Forum」と呼ばれるウェブサイトである。（☞本章 56 頁）

＊https://www.google.com/（最終閲覧日：2023 年 3 月 18 日）
＊＊https://webtan.impress.co.jp/list/all/2751（最終閲覧日：2023 年 3 月 18 日）

▌1 検索プラットフォームと「フェイク・ニュース」

◉透明化した存在としてのプラットフォーム

　何かわからない言葉やことがらがあるとき，みなさんはどのように調べるだろうか。まずは「ググって」みるという人が大半かもしれない。この「ググる」という動詞は，巨大検索プラットフォーム「Google」（☞本書8-9頁）で検索することを意味する。現代のメディア環境において「Googleを使ったことがない」という人は少数派といえるだろう。Androidのスマートフォンを使っている場合は，最初からGoogle検索窓が表示されている場合が多いので意識しやすいが，じつは，AppleのiPhoneでSafariを使って検索する場合もGoogleを呼び出していることになる。また，Yahoo!で検索をした場合もその中身はGoogleの検索エンジンである。

　実際，ヴァリューズ（2021）の調査によれば，2021年の日本国内のウェブサイトの訪問者数1位はGoogleであり，推計訪問者数は年間1億1,983万人にものぼる。この数値は，5位のTwitter（9,025万人），9位のFacebook（7,938万人）を大きく上回り，検索エンジンというプラットフォームがSNS以上に浸透し，頻繁に利用されていることを示している。みなさんは，この事実を意外に思うだろうか？

　もしそうだとしたら，それはまさにGoogleというプラットフォームが，当たり前の「透明化」した存在として社会に浸透していることの証左だろう。本章では，この当たり前になっている検索プラットフォームの「透明化した権力」の裏側に焦点を当ててみよう。

◉検索エンジンの仕組み

　Googleの主要サービスである検索エンジンは，「クエリー」と呼ばれる質問（一般には「キーワード」と呼ばれることも多い）を入力すると，その内容に合致すると判定されたウェブページの一覧を，ランキング形式で表示する。このランキングは，クエリーとの「関連性」を，検索エンジンのアルゴリズムが判定することによって構築され

る。ユーザーは多くの場合，それがランキングであるということ自体を意識しないままに，検索結果を上位から順に確認していく。そのランキングが自分にとって本当に有用な順になっているかどうかわからないままに，それを信頼しているかのように扱っているわけだ（宇田川, 2019）。一方ランキング下位となったウェブページは，たとえその情報が重要だったとしても，気づかれることなく見過ごされてしまう。このように検索結果のランキングは，その構造的なしかけによってユーザーの行動の順序，さらには情報の取捨選択の優先順位を自然と方向づけてしまう。このような環境の設計によるコントロールは，建築物の構造になぞらえて「アーキテクチャ」と呼ばれる（レッシグ, 2007）。

　注意すべきなのは，ランキングが上位であることと，そのウェブページの意味的な内容が正確かどうかは，ほとんど関係がないということだ。検索エンジンのランキングは，あくまでそのウェブページに対してユーザーがどのように反応したかが主要な基準となっている。たとえば，クリック率が高いページは有用な可能性が高いと判断され，ランキング上位に評価されやすい。

●ランキング・アルゴリズムの弊害

　この弊害を如実に示した事例として，2016 年に発生した「キュレーション・メディア事件」が挙げられる。当時 DeNA 社が運営していた「WELQ」という健康情報サイトが，無断引用・転載による「コピペ」コンテンツをかき集めたうえに，検索数の多いクエリーに「釣り」と呼ばれるようなクリック率が高いタイトルを組み合わせるなど，「SEO」というテクニックを駆使してランキング上位に掲載させたのだ。それらは上位に表示されたためにアクセス数を多く集め，その結果として DeNA 社は多くの広告収益を得ていた。

　とくに問題視されたのは，生死や医療に関するクエリーに対して，専門性のない虚偽の情報を流し，広告への誘導を多数行っていたことである。たとえば，「死にたい」というクエリーに対して当時 WELQ

のコンテンツは検索ランキング1位となっていたが，そのページは転職を勧める「キャリア診断テスト」の広告が掲載されるという不適切かつ強引な内容だった。最終的にWELQは「炎上」状態になり，ウェブサイト自体が閉鎖に追い込まれた。この事件は日本で最初の大規模な「偽ニュース（フェイク・ニュース）」事例ともいわれている（藤代, 2017）。

　この事件を受けてGoogleのアルゴリズムも「アップデート」が行われ，とくに医療や健康に関わる内容に関しては，ウェブサイト運営者の公益性や規模を考慮するようになったため，現在では無名のウェブサイトがいきなり上位を取ることは難しくなっている。しかし，Googleのアルゴリズムがコンテンツの意味的な「正確性」を直接判断できないことに変わりはなく，クリック数を稼ぐために扇情的な（場合によってはほとんど虚偽に近い）見出しをつけて，ランキング上位に掲載させるような情報流通の手法は未だ頻繁にみられるのが実情だ（水嶋, 2019）。

┃ 2　ランキング・アルゴリズムとアテンション・エコノミー

　このようにGoogleのランキング・アルゴリズムは，「人気」に基づくアーキテクチャを駆動させている。Googleはそのアルゴリズムの詳細を公開していないが，ウェブサイトの「送り手」であるウェブマスター（ここでは営利・非営利を問わず，ウェブサイトの制作者・管理者全般を指す）の間では多くの調査によりランキングに影響を及ぼす諸々の変数が推定されている。この変数は「ランキング・ファクター」と呼ばれ，現在ではおよそ200以上あるといわれる。このような変数を推定しつつ，自分のウェブサイトをランキング上位に表示させるためのさまざまな対策は，先述のように「SEO（Search Engine Optimization：検索エンジン最適化）」と呼ばれ，ウェブマスターの最も重要な活動の一つとされる。

　先述した，検索結果におけるクリック率（Click Through Rate：CTRと呼ばれる）はその主要な変数の一つである。Googleのアルゴリズムでは，CTRが高いウェブページほどユーザーが求めている確率が

高いとみなし，ランキング上位に評価するように設定されている。一方で，ランキングが上位であること自体も CTR を上げる効果を持つ。SISTRIX 社の調査 (Beus, 2020) によれば，検索結果ランキング 1 位の CTR は 28.5%なのに対し，2 位は約半分の 15.7%，3 位は 11.0%と，ランキングが下がれば CTR は大きく下落してしまい，2 ページ目 (11 位以下) までみるユーザーは 1%にも満たないという。Google のランキングでひとたび上位になれば，まさにそれが上位であるがゆえに CTR が高くなり，そのランキングは上位のまま維持される。逆に下位のウェブページは，CTR が低いために不人気なページとみなされ，上位のページとの格差が拡大していく循環が生じることになる。もはや Google でランキング上位に入らなければ存在しないものと同じといっても過言ではないのである。

　ハラヴェ (Halavais, 2017) は，このような検索エンジンこそが，「アテンション・エコノミー」(☞本書 13 頁) の取引所そのものだと指摘する。すなわち，人間のアテンション (注意) が有限であるがゆえに，供給される情報ではなく，ユーザー側のアテンションを得られることのほうが希少性を持つ，というわけだ。ユーザーはメッセージの単なる消費者ではなく，情報と引き換えにアテンションを提供している供給者なのだ (Halavais, 2017)。逆にウェブサイトの「送り手」の側からみれば，いかにしてランキング上位に表示させ，ユーザーのアテンションを得られるかが死活問題になる。だからこそ，検索ランキングを上げるための SEO が (時に過剰なまでに)，ウェブマスターの重要な任務になっているのだ。

3　SEO によって変容するアルゴリズム

◉ウェブマスターたちの集うサイト

　WELQ 事件を受けて Google がアルゴリズムを「改善」した例が示すとおり，悪質なものであれ，健全なものであれ，SEO によるさまざまな「対策」は，ランキング・アルゴリズムを改変させる圧

力としても作用する。すなわちアルゴリズムは，いっけん Google （の設計者）が一方的に決めているようにもみえるが，ウェブマスターによる SEO 対策や，ユーザーのさまざまな反応との相互作用のなかで構築され，改変されていくダイナミックなものである（Gillespie, 2017）。しかし，このような SEO の実践がどのようなものであるのかを具体的に分析した研究は多くない。本節では筆者が分析した，ウェブマスターたちの SEO 実践に関わる言説の一部を取り上げ，Google のアルゴリズムと SEO の関係について検討してみたい。

SEO に関する知識は，アルゴリズムに挑戦しようとするウェブマスターたちのゆるやかな連帯によって積み上げられている。かつてウェブマスターの一人だったダニー・サリバンが 1996 年に公開した「A Webmaster's Guide To Search Engines」（のちの「Search Engine Watch」[1]）はその代表例である。日本でも，同種の情報を共有し SEO の知識を共有する場が複数あるが，とくに有名なのは「Web 担当者 Forum[2]」と呼ばれるウェブサイトである。Web 担当者 Forum は，出版社であるインプレスが運営するサイトであり，いわばウェブ版の「業界誌」のような存在だ。だが，掲載されている情報は出版社が編集したものに限らず，ウェブマスターたちの寄稿や直接投稿も多いため，ここでの言説はウェブマスターの関心の全体を一定程度反映したものと解釈できる。

Web 担当者 Forum で公開された SEO カテゴリーの記事は，2006 年から 2020 年までの 15 年間で 2,785 件にのぼる。この記事の本文に含まれる単語を，「KH Coder」というツールを用いた計量テキスト分析（樋口, 2020）の手法によりコード化し，その傾向を時系列で分析することで，ウェブマスターたちの間でどのようなトピックが主題化されてきたのかを大まかに知ることができる。年代ごとのトピックの傾向を知る一つの方法は，記事の公開年と記事内のコー

---

1) https://www.searchenginewatch.com/（最終閲覧日：2023 年 3 月 18 日）
2) https://webtan.impress.co.jp/（最終閲覧日：2023 年 3 月 20 日）

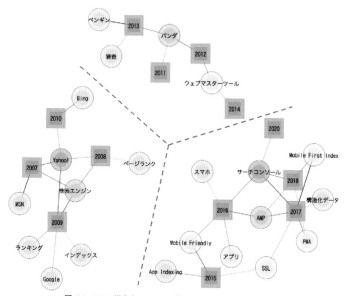

図 4-1　Web 担当者 Forum 記事コードの共起ネットワーク図

ドの共起関係を分析することである (図 4-1)。

　ここでは，共起関係に基づくコードの変容から，(1) 2006–2010 年 (2) 2011–2014 年 (3) 2015–2020 年の 3 期に区分し，SEO に関する言説の変化を概観してみたい。

● 2006–2010 年：複数検索エンジンの並立期

　2010 年以前は，「Yahoo!」や「MSN」「Bing」など Google 以外の検索エンジンを比較するコードが出現し，また「検索エンジン」というコード自体も共起するなど「複数検索エンジンへの対応」が相対的に重要なトピックだった (図 4-1 左下)。たとえば，2008 年 6 月 17 日の記事では「検索エンジンで上位を獲得するポイント」として「グーグル＆ヤフーに完全対応」と称して，それぞれの「対策」が列挙されており，Yahoo! など Google 以外の検索エンジンの併存が前提とされていたことがわかる。さらに 2009 年 1 月 28 日の記事

には，「Googleによる市場独占はどんな問題をもたらすのか」という問題提起がみられ，Googleの「独占」を警戒し批判するような言説があがっていた。

この時期の「SEO対策」は技術的な対応を複数検索エンジンに配慮して実施するもので，一つのアルゴリズムに依存するものではなく，ウェブマスターの主体性や技術力が相対的に重視された。「インデックス」や「ランキング」「ページランク」など，検索エンジンの基礎技術に関するトピックが多かったことも，検索エンジンの仕組みそのものを根本から理解し対策しようとする姿勢の表れといえるだろう。

◉ 2011–2014年：Googleが「品質基準」を強要

日本では，2010年の後半にYahoo! JAPANがGoogleの検索エンジンを採用することで，検索プラットフォームは事実上Googleへと一元化されることとなった。図4-1（上部）における出現コードも，翌2011年を境に大きく変化している。たとえば，「審査」というコードの出現は，Googleが設定した「品質基準」に合致しないウェブサイトのランキング評価を下げるような強制力を働かせるようになったことを示している。たとえばこの頃大きなトピックとなった「ペンギン」や「パンダ」というのは，Googleの品質基準に満たないウェブサイトを排除するようなアルゴリズム変更を示す，Google内部の隠語だ。

2012年1月30日の記事では，「パンダ・アップデート後の重複コンテンツを知る：重複コンテンツ対策完全ガイド」として，機械的に複製された重複コンテンツがあると，Googleはそれを「低品質」なものとみなし，ランキングの評価が下がることが解説されている。また，2012年5月11日の記事では，「ペンギン・アップデート情報：ペンギンは不自然リンクを嫌う」という見出しで，他のウェブページからのリンクが機械的に生成されたと疑われるような「不自然」なものとみなされると「ペナルティ」が課されると警告されている。

このとき，何をもって「低品質」と判断するのか，何をもって「不

自然」と判断するのかはあいまいであり，ウェブマスターの間では
この境界線を探る議論が盛んに交わされていた。この頃 Google が提
供し始めた「ウェブマスターツール」は，Google が行う品質の「審査」
に基づく「警告」などを通知するツールとしても使われ，Google に
よる「支配」を象徴する存在であった。この頃のウェブマスターは，
「ウェブマスターツール」をチェックしながら Google の基準に抵触
しないように強要されたのだ。これらの基準はプラットフォーム上
の競争を公正化するための「標準化」の側面があったわけだが，そ
の「標準化」という発想は市場の独占と表裏一体であり，アクセス
数を最大化するという Google 自身の利益にも直結していたのだ。

◉ 2015–2020 年：Google の支配力が相対的に弱体化

しかしこの Google による基準の強要は長くは続かない。Google は
2015 年以降，スマートフォンウェブやアプリへとその支配の対象を
広げようとする。共起ネットワークでも「スマホ」や「アプリ」と
いったコードが出現し，Google のモバイル標準化技術である「AMP」
や「PWA」「Mobile Friendly」「App Indexing」などのコードが特徴
的である（図4-1 右下）。2015 年以降の特徴は，2010 年代前半にみられ
た PC を中心とする強力な支配とは異なり，これらの Google の標準
化が実際には徹底できないケースがみられるようになることだ。

たとえば，「Mobile First Index」とは，Google が PC 用ページの
代わりにスマートフォン用ページを優先し，PC 用しかないウェブ
ページが検索対象から除外されるというアルゴリズム変更のことを
指す。2016 年 11 月に「グーグルが PC サイトを見なくなる？」と
いう見出しで記事化されて以来，対応策について多くの議論がなさ
れているが，ウェブマスターたちはさまざまな事情からこの「対応」
を十分に行っておらず，「Mobile First Index」の導入は発表から 6
年以上経った 2023 年 2 月現在でも完了していないといわれている。

これに限らず，これまで事実上強要されていた Google の基準
が，「公正化」や「標準化」という大義名分の裏で，Google の支配

拡大に有利な誘導であることが警戒され，必ずしも広がらないケースが多くみられているのが2015年以降のSEOである。先述したWELQの問題は，2016年に発生したが，これを問題視する議論もウェブマスターのSEOコミュニティ内部から起きたものだ (朽木, 2018)。ウェブマスターの側から指摘された問題が「炎上」にまで至り，Google主導ではないかたちでアルゴリズムが公正な方向へと再構築されたという事実は，揺り戻しともいうべき「自浄作用」が働いたと解釈することもできるだろう。

▌4　プラットフォームの権力を構築する複雑なアクター

　このようにGoogleのアルゴリズムは，必ずしもGoogleという一企業の意図どおりに設計され，動作しているわけではなく，ウェブマスター，ユーザーとの複雑な相互作用によって，絶えず変容しながら再構築されている。SEOによってGoogleの想定する「基準」をかいくぐるウェブページが上位に上がり，ユーザーや他のウェブマスターからの批判が高まれば，その手口を無効化するようにアルゴリズムをアップデートする。そしてまたSEOはその次の手口を見出そうとさまざまな挑戦を試みる。しかしこれは無限のいたちごっこというわけでもない。既存のSEOが無効化され，そこに新たな「アップデート」のレイヤーが重層化することで次第にアルゴリズムは頑健なものになっていく。すなわち，順位を上げるような「ハック」にコストがかかるようになってくるのだ。そのため近年のSEOでは，アルゴリズムの隙間をぬうようなテクニック的な対応よりも，コンテンツ自体の「品質」を高めることが結局は上位を得るための近道とされるようになってきており，Web担当者Forumでもそのような議論が主流になってきている。

　このように，検索エンジンのアルゴリズムとウェブマスターによるSEO，そしてそれに対するユーザーの反応や批判という複雑なアクターが織りなす相互作用こそが，検索プラットフォームの生態系

を変容させながらも維持しつづけている。そこでは，Google という一企業が定めた「基準」に多くのウェブサイトが従わされ，誘導されてしまうケースもあれば，SEO の実践によって逆にアルゴリズム設計が変容を余儀なくされることもある。実際 Google が支配的な強制力を「一方的」と呼べるかたちで維持できていたのは，前節での分析のとおり 2010 年台前半の 4 年間程度でしかない。アルゴリズムが，ユーザーの情報摂取のあり方をコントロールすることでプラットフォームへの依存を強めるアーキテクチャとして作動している側面がありながらも，時に WELQ 事件のような問題を契機にその反動としての「自浄作用」もみられることは小さな希望である。

　もちろん，わたしたち一般のユーザーが，プラットフォームの設計に大きな変化をもたらすことは容易ではない。しかし，アルゴリズムがユーザーの一つひとつの行動をインプットとすることで作動している以上，その行動は（たとえ微細なものであっても）プラットフォームの設計を常に変容させてもいるし，維持させてもいる。アルゴリズムのはらむ問題は，プラットフォームの運営者だけに帰属するものではなく，ウェブマスターやユーザーを含むあらゆるアクターが総体として構築しているものなのだ。

●ディスカッションのために
① SEO とは何か。本文の記述に即して用語の意味を要約・理解してみよう。また，本文の説明にしたがって，2006 年以降どのように SEO 対策が変化してきたか，要約してみよう。
②普段の検索エンジンを使うときに，検索結果の最後のページに何があり，最初のページとどう違うのか意識して確認をしてみよう。普段見ることのないランキング下位のウェブページまで探索をして，なぜこのようなランキングになっているのか考えてみよう。
③ Google 以外の検索エンジンにはどんなものがあるか，調べてみよう。そして友人や知人と一緒に，異なる検索エンジンを使って同じことを調べてみよう。その結果がどうだったかを確認しあい，検索エンジンの使い方の違いについて話し合ってみよう。

【引用・参考文献】

ヴァリューズ (2021).「Web サイト＆アプリ市場のユーザー数ランキング 2021 を発表！Amazon・楽天市場などEC 堅調。キャッシュレス決済のPayPay がさらに躍進 」〈https://manamina.valuesccg.com/articles/1572 (最終閲覧日：2023 年 3 月 20 日)〉

宇田川敦史 (2019).「検索エンジン・ランキングのメディア史——パソコン雑誌における検索エンジン表象の分析」『マス・コミュニケーション研究』94: 131–149.

朽木誠一郎 (2018).『健康を食い物にするメディアたち——ネット時代の医療情報との付き合い方』ディスカヴァー・トゥエンティワン

樋口耕一 (2020).『社会調査のための計量テキスト分析——内容分析の継承と発展を目指して 第2 版』ナカニシヤ出版

藤代裕之 (2017).『ネットメディア覇権戦争——偽ニュースはなぜ生まれたか』光文社

水嶋一憲 (2019).「コミュニケーション資本主義における個人と集団の変容」伊藤 守［編］『コミュニケーション資本主義と〈コモン〉の探求——ポスト・ヒューマン時代のメディア論』東京大学出版会, pp. 35–60.

レッシグ, L.／山形浩生［訳］(2007).『CODE Version2.0』翔泳社

Beus, J. (2020). Why (almost) everything you knew about Google CTR is no longer valid. 〈https://www.sistrix.com/blog/why-almost-everything-you-knew-about-google-ctr-is-no-longer-valid/ (最終閲覧日：2022 年 6 月 9 日)〉

Gillespie, T. (2017). Algorithmically recognizable: Santorum's Google problem, and Google's Santorum problem. *Information, Communication & Society,* 20 (1): 63–80.

Halavais, A. (2017). *Search engine society,* 2nd Edition. Cambridge: Polity.

Chapter 05

ソーシャルメディアを彩る自己イメージ
日本の若年女性のセルフィ（自撮り写真）から考える

久保友香

Key Words：自撮り／自己イメージ／プリクラ／ケータイブログ／ Instagram ／動画
／情動／ハッシュタグ／ライフスタイル

●プリント倶楽部＊ 1995 年，デジタルカメラが撮影する顔写真を，その場でデジタル
印刷するアミューズメントマシン，いわゆる「プリクラ」がゲームメーカーから発売さ
れた。（☞本章 66 頁）

● Instagram のウェブサイト＊＊ ［…］iPhone 4 で初めて，ディスプレイと同じ面にある，
いわゆるフロントカメラが付き，スマホでも簡単に自撮りができるようになった。同時
にソーシャルメディアが普及し，自撮りした写真を見せることがさらに広まった。なか
でも写真に特化した SNS である Instagram はその中心的な舞台となり，日本では 2015
年頃から普及しはじめた。（☞本章 69 頁）

＊「広報誌「とっきょ」2021 年 2 月 5 日発行号」ありとき、あの知財大ヒットの裏側を
探る！プリント倶楽部（株式会社セガ 株式会社アトラス）https://www.jpo.go.jp/news/
koho/kohoshi/vol47/07_page1.html（最終閲覧日：2023 年 3 月 10 日）
＊＊https://www.instagram.com/（最終閲覧日：2023 年 3 月 10 日）

1　メディア空間に増殖する自己イメージ

◉ SNS を彩る #selfie

　かつてテレビや雑誌，新聞などで目にした人物のイメージといえば，俳優，歌手，ファッションモデルなど，カメラに撮られることを職業とする「特別な人」のものだった。しかし，今ではYouTube，TikTok，Instagram，Twitter などの SNS，ソーシャルメディアから，「一般の人」のイメージがとめどなく流れてくる。「カメラで撮って不特定多数の人びとが見るメディアで見せること」は，昔は特別な設備を所有する企業に媒介してもらわなければ難しかったが，今ではスマホ（スマートフォン）一つあれば，あとはプラットフォーム上にある編集ソフトやソーシャルメディアを使って，誰の手も借りず，お金もかけず，自分で画像を処理し，自由にイメージを拡散することが可能になった。

　それにより人びとは自分自身にカメラを向けるようになった。今ここにある自己とは別に「自己イメージ」を作って，メディア空間に送り込む。日本で「自撮り」と呼ばれる Selfie は，2013 年末にはイギリスのオックスフォード辞典の「今年の言葉」に選ばれた。

　手軽さが特徴だったはずの自撮りだが，次第にフォトジェニックであることが求められ，労力がかけられるようになっていく。風光明媚で写真に「映え」る景色に人が殺到して当地の生態系を侵す危険が生じたり，写真に撮るためだけに食べ物を買う人が増えてフードロスが問題視されたりするほどになった。なかには，自撮りのために危険を冒して命を落とす人もいる[1]。むろん SNS で多くのフォロワーがおり，アフェリエイトや収益化プログラムを通して，あるいは企業から宣伝依頼を受けて収入を得ているインフルエンサー[2]と呼ばれるような人もいるが，それはほんの一部であ

---

1)「「自撮り」で死なないで 死亡例世界最多はインド 調査結果」〈https://www.afpbb.com/articles/-/3108546（最終閲覧日：2023 年 3 月 20 日）〉

る。にもかかわらず，たくさんの人が「自撮り」に労力をかけるのは，何のためなのだろうか？

　そもそも，これらの行動はプラットフォーム企業の利益に通じている。本書第1章で説明されているようにInstagramを運営するMetaなどの広告プラットフォーム企業（☞本書8頁）の主な収入源は，広告主から支払われる広告料であり，その大きさは自社のプラットフォーム上のコンテンツにいかに注目，つまりアテンション（☞本書13頁）を集められるかで決まる。ユーザー（☞本書142頁）が自己イメージを作り流通させることも，注目を集めるコンテンツの生産活動，つまり，アテンション・エコノミー（☞本書13-16頁）の実践になっている。いったい何のために人びとは自由に，だが無償で労働しているのだろうか？

◉ソーシャルメディア以前を考える

　SNSやソーシャルメディアの構造（アーキテクチャ☞本書53頁）が，このような人びとの行動を無意識のうちに方向づけているともいわれる。しかし本書第3章でも述べられているように，ある社会変化についてどこからどこまでが過去と断絶していて，どこからどこまでが連続しているのかについて考えることは重要である。少なくとも日本では，SNS以前から自己イメージの生産に労力をかける一般の人びとが見られた。デジタル技術が浸透するとまもなく，誰でも簡単に「自分を撮ることができる装置」や「写真を他者に見せられるメディア」が現れた。「プリクラ[3]」「カメラ付き携帯電話」「ス

2）影響力の大きな個人を指す言葉。特にここでいうインフルエンサーは，SNSやソーシャルメディア上で多くの人びとに注目され，参照される情報の提供者であることが想定されており，フォロワーの消費行動に大きな影響力を与えるような個人を指す。

3）「プリクラ」（☞本章扉写真上）は「プリント倶楽部」の略で，セガホールディングスの登録商標である。一般名は「プリントシール機」であるが，本章ではわかりやすさを重視してより人口に膾炙している「プリクラ」の名称を用いる。

トリート系雑誌」「ケータイブログ」など，いずれも各種企業が若年女性を主なターゲットとして供給したサービスや商品，そしてプラットフォームだった。

本章は，こうした1990年代から2010年代の「マスメディア型からソーシャルメディア（SNS）型へのメディア環境の移行期」において，自己イメージの生産に労力をかけてきた「日本の若年女性」[4]の行動に焦点を当てる。第2節では，一般の人の自己イメージが生産，流通，消費されるシステムが段階的に形成されていった過程を，三期に分けて解説する。第3節では，当事者の声を元に「何のために自己イメージを生産してきたのか」に迫ってみたい。そしてそこにプラットフォーム資本主義がどんな影響を与えたか，第4節で考察し，第5節で本章の分析から得られたものを振り返ってみたい。

2　自己イメージの生産，流通，消費の変遷

●第Ⅰ期：1995年頃–2008年頃

1995年，デジタルカメラが撮影する顔写真を，その場でデジタル印刷するアミューズメントマシン，いわゆる「プリクラ」がゲームメーカーから発売された。証明写真機など，撮影者がいなくても顔を撮影できる装置はかなり以前からあったが，プリクラの普及によって日常的にお互いに友人関係を確認しあうコミュニケーションのツールとして利用されるようになった。プリクラが発売されるとしばらくして専用のアルバム「プリ帳」を作ることが広まった。プリクラから出力される複数の同じ写真を友人どうしで交換し，交換

4）実際には日本の各種企業が若年女性を主なターゲットとして供給したサービス，商品，プラットフォームを利用して，自己イメージの生産に労力をかけてきたのは日本の若年女性だけではない。しかし本章では，そのような人びとを代表して，「日本の若年女性」と表す。第3節における当事者へのインタビュー調査は，それを満たす十分条件として，当時日本で若年女性だった人を対象に行った。

して得た友人の顔写真もプリ帳に貼って別の友人と見せ合う，とい
うプロセスによって，一般の人の顔写真が見知らぬ人の目にまで届
くようになる。とはいえ，それは学校や地域から大きく離れること
はなかった。

　1994年末から，プロのモデルではなく街の若者たちの写真を掲
載する雑誌（以下，「ストリート系雑誌」）の創刊が相次いだ。そこには，
女子高生へのポケベル[5]の普及により出版社が街の若者と直接連
絡を取りやすくなったこと，プリクラによって顔写真を集めやすく
なったことの影響も大きい（久保, 2019 : 88）。1995年頃から，『egg』
（1995年創刊, ミリオン出版）をはじめとする渋谷の女子高生に焦点を当
てたストリート系雑誌が増えたが，それ以前から，放課後に渋谷に
集まる学校の枠を超えた高校生の集団が形成されていた。渋谷の女
子高生は，肌を黒く焼き，髪を茶色く脱色し，「アメリカ西海岸の
女の子」をイメージした，「ギャル」と呼ばれる様式の装いをして
おり，ストリート系雑誌によって，その様式が全国に広がった（渡
辺, 2011 : 117 ; 久保, 2019 : 76）。出版社は競って，全国に影響を与えるこ
とのできるような人を渋谷で探した。ストリート系雑誌に頻繁に載
る人は，雑誌を介して全国的に知られるようになった。次第に，そ
こに載る人の装いは，既存の「ギャル」の様式よりもさらに肌を黒
く焼き，さらに髪を白く脱色し，白や黒のフェルトペンで化粧をす
るなど，より特徴的なものになっていった。そうした容貌になるた
めに，日焼けサロンに繰り返し通ったり，一晩かけて髪を脱色する
などしていた。ストリート系雑誌に載ると出版社から謝礼が支払わ
れる場合もあったが，生業にできるほどのものではなかった（荒井,
2023 : 137）。

　一方，放課後に渋谷に集まる女子高生のなかには，校則が厳し
く「ギャル」になれない高校生もいた。彼女たちは，プリクラの光

5）「無線呼び出し」のこと。1980年代以降数字メッセージを送れるようにな
　り，女子高生にも広く普及していた。

学処理やデジタル処理の効果を駆使して，プリクラの写真の上で
「ギャル」に近づくための化粧法を編み出した（久保, 2019：137-171）。

◉第Ⅱ期：2008 年頃–2015 年頃

2000 年，携帯電話にデジタルカメラが付いた一般向けの商品，
「カメラ付き携帯電話」が発売された。レンズの横に鏡が付き，自
撮りができるようになった。その直前の 1999 年には携帯電話から
インターネットにアクセスできるサービス（iモード）が開始された
が，さらに 2009 年には LTE[6) のサービス開始により通信速度が向
上し，複数の画像を容易に送受信できるようになっていく。この頃
から，インターネット上で自撮りの写真の投稿が増えた[7)。若年女
性をターゲットにした携帯電話向けのブログサービス（以下，「ケータ
イブログ」）では，姿見に映る姿を自撮りした全身写真と，斜め上か
ら自撮りすることで目が大きく写った顔写真が多数投稿された。次
第に，目が大きく写った顔写真とともに，自身のアイメイクの方法
もブログ記事として投稿されるようになり，化粧によってさらに目
を大きく見せる写真が増えた。このような「デカ目」と呼ばれる様
式が，ケータイブログの中で普及する（久保, 2019：197-199）。

ケータイブログのトップページでは，ブログのページビューのラン
キングが発表された。ユーザーが他のユーザーを見つけるにはランキ
ングを参考にするしかなかったため，ランク上位のブロガーは有名に
なっていった。当初はストリート系雑誌に載っている渋谷の女子高生
が多かったが，次第に渋谷以外のブロガーも増え，2011 年には上位の
ブログが一日に 100 万以上もページビューを集めるようになった。上

---

6) LTE とは Long Term Evolution の略でスマートフォンや携帯電話用の通
信規格。3G と 4G の過渡期に作られ，通信速度は最大 150Mbps。導入当
時は高速な回線とされていた。データ通信容量には上限があり，上限を
超えると通信スピードが遅くなる。

7) 先述のプリクラ画像もこの頃にはデータとしてダウンロードすることが
可能になっていた。

位のブログでは，どこでも手に入る低価格な道具を用いて，目を大きく見せる方法が伝えられた。複数のつけまつげ商品を切って，組み合わせて，カスタマイズしたり，韓国のサークルレンズ[8]を個人輸入するようなものもあった。上位のブログのコメント欄にはアイメイクに関する質問が多く集まった。そうしたランク上位のブロガーが企業から商品の宣伝を依頼されることも増え，ケータイブログを運営する企業が仲介して，本人に収入を分配する仕組みもできた[9]。

●第Ⅲ期：2015 年頃−

　アメリカで初代 iPhone が発表されたのは 2007 年であったが，2010 年に発売された iPhone 4 で初めて，ディスプレイと同じ面にある，いわゆるフロントカメラが付き，スマホでも簡単に自撮りができるようになった。同時にソーシャルメディアが普及し，自撮りした写真を見せることがさらに広まった。なかでも写真に特化した SNS である Instagram はその中心的な舞台となり，日本では 2015 年頃から普及しはじめた[10]。当初は化粧や服装に興味がある人の投稿が多かった。フォロワーを多く集める人も現れ，企業が商品の宣伝に利用するインフルエンサー・マーケティングも広がる[11]。

　やがてインフルエンサーだけでなく，広く日本の若年女性の間で，

8）黒や茶色で縁取るように着色されたコンタクトレンズのこと。瞳の虹彩の輪郭を大きく見せる効果がある。

9）日刊 SPA!「「ステマは何も残らない」65 億 PV サイト運営者・光山一樹氏」2012 年 7 月 2 日〈https://nikkan-spa.jp/240112（最終閲覧日：2023 年 4 月 1 日）〉

10）『日本経済新聞』「インスタグラム，日本の利用者 810 万人に倍増」2015 年 10 月 1 日〈https://www.nikkei.com/article/DGXLASDZ01HMS_R01C15A0TI5000/（最終閲覧日：2023 年 4 月 1 日）〉。その後，2016 年 3 月に 1200 万人，2017 年 10 月に 2000 万人，2019 年 3 月に 3300 万人と増加していることが，Instagram を運営する Meta より公表されている〈https://about.fb.com/ja/news/2019/06/japan_maaupdate-2/（最終閲覧日：2023 年 4 月 1 日）〉。

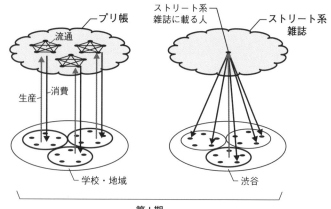

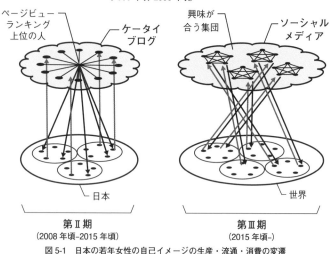

図 5-1　日本の若年女性の自己イメージの生産・流通・消費の変遷

11）インフルエンサーマーケティング企業の THECOO の調査によると，企業からの「スポンサード」があるとわかる「PR」「提供」の表記がある投稿が，2016 年に急増したことがわかる。日経 XTREND「YouTube などのインフルエンサーマーケティングに曲がり角」2018 年 11 月 16 日〈https://xtrend.nikkei.com/atcl/book/18/00001/00013/00003/（最終閲覧日：2023 年 4 月 1 日）〉

化粧やファッションだけでなく，小道具やロケーションとの組み合わせで非日常的なシーンの写真を作ることにこだわる「インスタ映え」と呼ばれる様式が広がり[12]，2017 年に流行語になる。

　Instagram で，ユーザーが他のユーザーを見つける方法は，大きく二つに分かれる。まず，キーワードの前に「#」記号をつけたハッシュタグで検索する方法がある。たとえば漫画やアニメやアイドルのファンたちが，「推し」をイメージした化粧や服装やグッズや所縁のあるスポットを「#」と「推し」の名前などをつけて投稿し，検索することも盛んになった。また，ユーザー行動を元にニューラルネットワークを用いたアルゴリズムで分析し興味の合う人を提案する，「おすすめ」機能を参考にする方法がある。それにより細分化された趣味を共にする人とのつながりが強まっていった。そして，一人の人が複数のアカウントを使い分けることが増えるとともに，韓国をはじめ，海外との交流も増えた。

　上記のような変化に加え，2018 年に登場した TikTok の人気や 2020 年の 5G のサービス開始に伴って Instagram などの既存のSNS でも動画を投稿する機能が随時拡張され利用が増えた[13]。ある場面を切り取る静止画と異なり，動画では時間の流れを表現できることから，日常生活そのものを切り取ってライフスタイルとして見せることが広がる。たとえば朝の食事や身支度などの様子を撮影し，「# モーニングルーティン」というハッシュタグをつけた動画の投稿が盛んに行われた。

12）マノヴィッチ（2018）は，Instagram 固有の様式を「インスタグラミズム」と呼んでいる。

13）2020 年に発売されたセガの新型プリクラ機ではプリントシールの撮影のほか，3 秒ほどの動画撮影も可能になっている。PHILE WEB「「プリント倶楽部」のセガがプリクラ市場に再参入，3 秒動画も撮れる「fiz」発表」2020 年 7 月 7 日〈https://www.phileweb.com/news/hobby/202007/07/3455.html（最終閲覧日：2023 年 3 月 20 日）〉

▮ 3 自己イメージを生産する目的

◉インタビュー調査から見えてきたもの

　第2節で駆け足で紹介してきた各時期において，女性たちが労力をかけて自己イメージを作っていたのはなぜかを明らかにするため，こうした実践を行っていた当時の若年女性たちにインタビューを実施した。もちろん自らの実践がどのような意味を持っていたか，初めから即答する人はいなかった。そのため筆者は，さまざまな質問を行いながら，彼女らと行動を共にすることにした。

　そのなかで彼女たちがしばしば口にしたのは「自分らしくありたい」「個性を大事にしたい」などの「自己」への言及だった。しかし興味深いことに，彼女たちの発言や行動から推察される「自己」の意識は筆者には一貫性がないもののように見受けられた。ここでは彼女たちの語りを分類し，労力をかけて自己イメージを作ることで追い求めてきたものを探ってみたい。以下で言及するA〜Gさんは，表5-1のような属性である。

◉一番イケてるコミュニティに所属したい

　まず，インタビューした全員が共通して，自分で選んだ集団（コミュニティ）に所属することで「自己」を意識していた。たとえばBさんは，ギャルの装いをしていた理由を「一番イケてるところに属したい」からだったと話した。それは放課後に渋谷に集まっていた女子高生の集団を指し，「学校とは別の世界」である。Cさんは，その集団を「個性を大事にしている人たち」と表した。学校のような，校則などを通してある程度画一化された「規律」の遵守が求められる与えられた集団ではない集団に所属することを，「個性」と呼び変えているのではないかと筆者は推察する。

◉画一性のなかの差異と評価

　Aさん，Dさん，Eさん，Fさん，Gさんは，所属する集団内の

表5-1　A～Gさんの属性

	活動時期	活動地域	生産したイメージの様式	自己イメージを流通させたメディア	メディアでの立場	自己イメージが消費されたと推定する地域
Aさん	第Ⅰ期	東京(渋谷)	ギャル	ストリート系雑誌	時々載っていた	日本
Bさん	第Ⅰ期	東京(渋谷)	ギャル	プリ帳	—	渋谷
Cさん	第Ⅰ期	東京(渋谷)	ギャル	プリ帳	—	渋谷
Dさん	第Ⅱ期	大阪	デカ目	ケータイブログ	ページビューランキングの全国上位に入っていた	日本
Eさん	第Ⅱ期	広島	デカ目	ケータイブログ	ページビューランキングの地域別上位に時々入った	中国地方
Fさん	第Ⅲ期	東京	インスタ映え	ソーシャルメディア	フォロワー数は平均的な若年女性よりも多い	日本, 韓国
Gさん	第Ⅲ期	東京	インスタ映え	ソーシャルメディア	フォロワー数は平均的な若年女性よりも多い	日本, 韓国

　他の人に対する差異を作ることでも「自己」を意識していた。たとえばDさんとEさんは，デカ目を作るために，つけまつげの商品をそのまま使わず，カスタマイズしている。Aさんは，ギャルの装いをしていた先輩に言及し，「世間から見たら皆同じに見えるのかもしれないけれど，全然違う。髪も，メイクも，全部がきれい」と称えた。彼女たちが作る自己イメージは様式的で，いっけん，同じように見えるが，同じ様式を作る人どうしにはわかる差異があると言うのである。

　また，Aさん，Dさん，Eさん，Fさん，Gさんは，所属する集団外も含めた人のなかで，特異な評価を得ることでも「自己」を意識していた。たとえばDさんは，「つけまつげやカラコンを使ったアイメイクとか，盛れる方法を伝えるとページビューが増えた」と

言い，Ｆさんは，インスタグラムで顔写真を投稿しなくなった理由を「私の顔を自撮りしたものは，3件しか保存されていない」ことがあったからとした。Ｇさんは投稿した写真が何人に保存されたかを頻繁に確認しており，いずれもインターネット上の計量的なデータを「評価」として気にしていたことがわかる。Ａさんは「外見を極めることで，雑誌の編集者などとのつながりができた」と話し，「自己イメージ」が何らかのかたちでメディア企業から認められたことをポジティブに受けとめていたと思われる。

●自分で新たな集団を作る

　さらに，Ｄさん，Ｆさん，Ｇさんは，自分で新たな集団を作ることでも「自己」を意識していた。たとえばＤさんは，自身のブログのコメント欄で「質問されるとうれしい」とし，Ｇさんは，Instagram で「まったく知らない人から真似されたい」と言う。Ｆさんは，「みんなが見たいのは有用な写真」だからと自撮り写真を投稿するのをやめるなど，新しいつながりを求めていたことがわかる。Ｄさんがブログでページビューを増やしたかった理由は「自由に日記を書いて，100 人のうち3 人でも合う人がいたらうれしい」からだったが，「交換日記は苦手」とも話した。不特定多数が読むブログを，友人との交換日記と区別しており，学校のような与えられた集団とは別のつながりを求め，メディア空間上で自ら自由に集団を作りたかったことがわかる。

　以上のように語りを分類し，彼女たちが労力をかけて自己イメージを作ることで追い求めてきたものを探ると，社会学者ゲオルグ・ジンメルが 20 世紀初頭の古典的な研究で指摘した「流行」の分析とも重なることがわかる。ジンメルは，「流行の根本には，誰かをまねしたいという「同一化願望」と，個性的でありたいという「差別化願望」があると考え」，流行とはその相いれない二つの願望を同時に満たすものだという (藤田, 2017)。ここでは，それにもう一つ加えた三つの段階で，彼女たちが労力をかけて自己イメージを作る

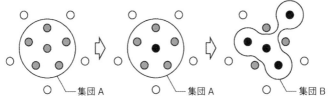

①集団Aの様式をコピー　②集団Aの様式から変異　③集団Bの生成

図5-2　日本の若年女性の自己イメージの生産の3タイプ

行動を分ける（図5-2）。第一に，既にある集団Aに属すため，集団Aの様式を真似して自己イメージを作る。第二に，そのうちの一部の人が，集団Aの様式と差異をつけるために自己イメージを作る。第三に，その人たちが，そうした新たな自己イメージに準拠する新集団Bを作り，その様式を真似したいと思う他の人たちを誘引しようとする。Gさんは，自分の写真を「真似されたい」と言う一方，自分の写真にも「元ネタがある」と言い，「こうやって，どんどんつながっていくんです。おもしろい」と，こうした集団形成のプロセス全体を意識していた。

●新たな集団はなぜ生まれるのか

それでは新たな集団Bを作ろうとする人たちは，いったいどんな集団を作りたいのか。それについて，新たにつながりたい対象として「自分と合う人」や「同じ世界観の人」という言葉は現れたが，それが何かを具体的に答える人はいなかった。

筆者には，彼女たちの自己イメージを作るプロセスは，「コピー」と「変異」を繰り返す生物の進化のプロセスと重なって見える。生物の進化に目的がないのと同様，彼女たちが自己イメージを作る行動にも目的がないのだろうか。メディア空間上に集団を作ろうとする実践は，彼女たちの「情動」[14]や「欲望」の表出であるとも考えられる。あるいはそれは，「別の世界」を模索するプロセスというべきなのかもしれない。学校などの与えられた集団ではない集団

を自分たち自身でメディア空間上に作り上げ，生存させるために自
己イメージを作りつづけているのかもしれない。

▌4　自己イメージの経済価値

●インタビューを振り返って

　1990年代から2010年代の「日本の若年女性」に焦点を当てると，
労力をかけて自己イメージを作る行動は，メディア空間上に自分た
ち自身で集団を作り上げ生存させるためにあると考えられる。かつ
て彼女たちは企業からメディアが与えられなくても，自らプリ帳と
いうメディアを作り，地域的な制約はありつつも，既存の友人関係
を越える範囲にまでネットワークを広げ (友達の友達の友達の……)「自
己イメージ」を流通させていた。プラットフォーム資本主義は，こ
の彼女たちの情動や欲望の表出である活動を経済価値に変換してい
る，と言えよう。しかし類似の構造はストリート系雑誌やケータイ
ブログにもあった。そこで新しいソーシャルメディアの構造は，既
存のメディアの構造をどう発展させたのか，整理する。

●何が変化したのか

　まず，基本構造を比較する。メディア空間上の集団は，自己イ
メージの様式がコピーされることによって作られる。SNSやソー
シャルメディア以前のメディアは，雑誌に「載る」人と「載らない」
人，ランキング「上位」の人と「下位」の人のような高低差があり，
「コピーされる」人と「コピーする」人が分かれる構造 (以下，ピラミッ
ド型) になっていた。一方，ソーシャルメディアは比較的フラットで，
代わりに興味の合う人が提案されるようになり，誰もが「コピーさ
れる」人にも「コピーする」人にもなりうる構造 (以下，ネットワーク型)

---

14) 伊藤 (2019b) によれば，「情動」とは「身体的・生理的な現象」である
　　と同時に「文化社会的な現象」であるとされる。

になった。これにより，次の三つの変化が起こった。

　第一に，経済価値に変換される対象が拡大した。既存のメディアでは一部の「コピーされる」人の行動だけが経済価値に変換されたが，ソーシャルメディアではすべての人の行動が，アテンションと広告を通じて経済価値に変換されるようになる。

　第二に，広告主の分野が拡大した。ピラミッド型の既存メディアでは，特定の様式の集団が支配的になるため，出資する広告主の分野が限られた。たとえば，ストリート系雑誌やケータイブログでは，化粧品や衣料品などに限られる。一方，ネットワーク型のソーシャルメディアでは，多様な様式を持つ，多数の集団が形成されるようになり，出資する広告主の分野も多様になった。そこにはカメラやインターネットなどのメディア環境も影響している。かつての携帯電話に搭載されていた小さなカメラとモニターでは，狭い範囲の写真しか撮れず，顔や身体しか写らなかったので，広告に関わるのは化粧品や衣料品などに限定された。しかし，スマホではより広い範囲の写真を扱えるようになり，シーンやライフスタイルを見せ合うようになったので，多様な商品が加わるようになった。

　第三に，メディア環境の変化に柔軟に対応して，自己イメージを経済価値へと変換し続けられるようになった。既存メディアのようなピラミッド型では，注目が一部に集中し，評価基準が固定されやすい。ゆえにストリート系雑誌では「ギャル」の様式の黒い肌がより黒く，ケータイブログでは「デカ目」の様式の大きい目がより大きくと，画一的な様式のなかで差異化されていった。しかしそこで注目された人びとは，メディア環境が変化し，スマホでシーンやライフスタイルの様式を見せ合うようになると，次第に注目されなくなった。同時にアテンションを集められなくなったストリート系雑誌やケータイブログなどのメディア自体も衰退していった。一方，ソーシャルメディアのようなネットワーク型のメディアでは，注目が分散しやすく，多様な評価基準が共存できる。もし，メディア環境が変化して，ある評価基準で注目された人が注目されなくなった

としても，別の評価基準で注目される人が現れれば，メディアに集められるアテンションの総数は維持できる。例えば，カメラや通信インフラの性能が向上し，静止画でシーンの様式を見せ合うことから動画でライフスタイルの様式を見せ合うように評価基準の大枠が変わった時も，Instagram は動画向けの機能を追加するなどのアップデートによって，適応することができた。そして，メディア空間上に集団を作り，存続させたい人びとが生産し続ける多種多様な自己イメージを吸い上げ，日々，経済価値に変換し続けている。

▌5 むすび

本章では，冒頭で，ソーシャルメディア上に溢れるセルフィ，自撮り写真をめぐって，何のために人びとはプラットフォーム企業のために自由に，だが無償で労働しているのだろうかという問いを立てた。そして，その問いを考えるために，少なくともソーシャルメディア以前の時代から，「自己イメージ」を流通させることに注力してきた「日本の若年女性」の行動の歴史を紐解き，インタビューから実践に迫った。

ここまで見てきたように彼女たちは情動に駆られて自己イメージを生産しつづけ，それらはときに「バズ」ったり，適度に「スルー」されたりしながら経済価値へと変換されていく。こうした尽きることのない無償労働を，プラットフォーム企業は日々捕獲しているのである。とはいえ，本章では，当事者たちの発言をたよりに，そうした活動が日々実践されているのは，彼女たちの「情動」や「欲望」に，あるいはこう言ってよければ「楽しみ」に即したものだからではないか，という仮説を得た。そしてそこに次々と参入するソーシャルメディアが与えたのは，多様な写真と動画の投稿を介して，フラットな関係性を保ちながら相互にコミュニケーションを取り得る，新たな表現の場であった，ということは言えるだろう。

本章の分析は「自撮り」全般にわたるものではないが，現在，ソー

シャルメディア上で行われているユーザー行動の解明に迫るための第一歩となることができれば幸いである。

◉ディスカッションのために

①プリクラが時代の変化に対応して，どのように変化してきたか，本章の説明や注記を辿りながら追ってみよう。

②筆者は，本章でインタビューされている女性たちが自己イメージを作る行動を三つの段階に分類している。それぞれのタイプを本文を辿りながら説明してみよう。

③②で要約した三つのタイプを自分の知っている事例，あるいは身近な事例に置き換えて考えてみることはできるだろうか。試してみよう。

【引用・参考文献】

荒井悠介（2023）．『若者たちはなぜ悪さに魅せられたのか──渋谷センター街にたむろする若者たちのエスノグラフィー』晃洋書房

伊藤 守（2019a）．「デジタルメディア環境の生態系と言説空間の変容」伊藤 守［編］『コミュニケーション資本主義と〈コモン〉の探求──ポスト・ヒューマン時代のメディア論』東京大学出版会, pp. 3–34.

伊藤 守（2019b）．「情動」伊藤 守［編］『コミュニケーション資本主義と〈コモン〉の探求──ポスト・ヒューマン時代のメディア論』東京大学出版会, p. 271.

久保友香（2019）．『「盛り」の誕生──女の子とテクノロジーが生んだ日本の美意識』太田出版

クレーリー, J.／岡田温司［監訳］石谷治寛［訳］（2015）．『24/7──眠らない社会』NTT 出版〔原著：2013〕

難波功士（2007）．『族の系譜学──ユース・サブカルチャーズの戦後史』青弓社

藤嶋陽子（2018）．「着こなしの手本を示す──読者モデルからインフルエンサーへ」岡本 健・松井広志［編］『ポスト情報メディア論』ナカニシヤ出版, pp. 107–120.

藤田結子（2017）．「introduction ファッションで社会学する」藤田結子・成実弘至・辻 泉［編］『ファッションで社会学する』有斐閣, pp. 1–14.

マノヴィッチ, L.／久保田晃弘・きりとりめでる［訳］（2018）．『インスタグラムと現代視覚文化論──レフ・マノヴィッチのカルチュラル・アナリティクスをめぐって』ビー・エヌ・エヌ新社

水嶋一憲（2019）．「コミュニケーション資本主義における個人と集団の変容」伊藤 守［編］『コミュニケーション資本主義と〈コモン〉の探求──ポスト・

ヒューマン時代のメディア論』東京大学出版会, pp. 35–60.

渡辺明日香（2011）．『ストリートファッション論——日本のファッションの可能性を考える』産業能率大学出版部

Chapter 06

人種化するプラットフォームと向き合う
指先で抑圧に加担しないために

ケイン樹里安

Key Words：つながりっぱなしの日常／「ハーフ」／イメージ／美の基準／ダイバーシティ／レイシズム／人種資本主義

Y!ニュース　　　　　　　　　　　　　Y!

Yahoo!ニュースヘルプ　　　　　　　　　　Q

不快な投稿・規約違反の投稿を削除してほしい

Yahoo! JAPANの利用規約およびYahoo!ニュース コメントポリシーに違反すると思われるコメントを見つけた場合は、以下の手順でYahoo! JAPANに申告できます。

● Yahoo! ニュースヘルプ：不快な投稿・規約違反の投稿を削除してほしい＊

ヘルプセンター　　　　　　　　　≡　Q　お問い合わせ

ヘルプセンター ＞ 攻撃的な行為 ＞ 攻撃的な行為の報告

攻撃的な行為

Twitterは、人々が自由に自己表現できる環境を提供することに努めています。攻撃的な行為があった場合、ユーザーが報告しやすいようにしたいと考えています。複数のツイートを1つの報告に含めていただくと、Twitter側で問題発生状況の把握や、解決に向けての速やかな調査を進めやすくなります。

● Twitter：ヘルプセンター：攻撃的な行為： 攻撃的な行為の報告 ＊＊　とはいえ、差別が行きかうオンライン空間の提供者であるプラットフォームも、無策であるわけではない。ユーザーが自由に押せる「通報ボタン」も、その対応策の一つだ。だが、あくまでもユーザーの自発性に任せて「通報を待つ」という姿勢は適切なのだろうか。(☞本章 90 頁)

＊https://support.yahoo-net.jp/PccNews/s/article/H000006461
（最終閲覧日：2023 年 3 月 22 日）
＊＊https://help.twitter.com/ja/safety-and-security/report-abusive-behavior
（最終閲覧日：2023 年 3 月 22 日）

1 「人種」を基盤とする「つながりっぱなしの日常」

　対面でやりとりするだけではなく，オンライン上でもつながりつづける生活が始まったのは，一体いつからなのだろう。ダナ・ボイドのいう，複雑な「つながりっぱなしの日常」にすっかり慣れているわたしたちは，何かきっかけでもなければわざわざ問い返すこともないままに，こうした生活に慣れきっている。本章では，「プラットフォームありきのつながりっぱなしの日常」のなかで，わたしたちを取り巻く創造性・快楽・抑圧に注目したい。

　ボイドによれば，対面の状況と同様に，オンラインにおいても「礼儀作法や行動規範」（ボイド, 2014 : 80）は存在しており，しかもそれらは「人種を基盤とする力学」（ボイド, 2014 : 271）と無関係ではないという。では，「人種」を基盤とする創造性・快楽・抑圧とはどのようなものだろうか。

2 常識としての「ハーフ」？

　2019 年頃の TikTok では，音楽に合わせて自作の質問に「イエス or ノー」と自問自答するトレンドがあった。そのトレンドにおいて，しばしば，目鼻立ちが整っている容姿端麗な投稿者が「ハーフですか」という質問に自分で「イエス or ノー」と答えていることが見受けられた。上記の投稿は，投稿者の自己紹介のバリエーションの一つである。視聴数を上昇させるべくハッシュタグをつけながら，短時間で視認・解釈することが可能な短い質問を自ら設定し，軽妙な音楽にあわせテンポよく「イエス or ノー」で回答する創造的なものだ。上記の「ハーフですか」という質問は，ある種の「わかりやすさ」ゆえに，しばしば投稿者たちに採用された質問だと考えられる（ケイン, 2021）。

　しかし，なぜ「わかりやすい」のだろうか。投稿者と視聴者のあいだで「常識」が共有されているからである。容姿端麗な人びとは

「ハーフ」である可能性がそれなりに高いという，いわば「ハーフ顔」に関する「常識」だ。では，この「常識」はどこからやってきたのだろう。

3 「ハーフ」イメージの歴史性

　「ハーフ顔」という表現は近年の化粧法に関わる現象として言及されることがあるが，言葉自体は1980年代に女性誌に初登場し，現在まで残る言葉である (Okamura, 2017)。だが，ここで想定されている「ハーフ顔」は，「支配的なハーフ性をもつ顔」であることに注意が必要だ。現代日本社会では，欧米白人系，容姿端麗，バイリンガルといった「支配的なハーフ性」をまとった「ハーフ」表象が定着している (高, 2014)。女性化・商品化されがちな「ハーフ」表象は，1970年代後半から広範に流通し，日本社会に定着したという。アイドル・ユニット「ゴールデン・ハーフ」らの登場にみられるように多数の，欧米白人系・容姿端麗・バイリンガルといった「支配的なハーフ性」をもつ「ハーフ」たちが芸能界で活躍し，また，多種多様なメディア上で広告として登場するなかで定着したのだ (下地, 2021)。1990年代，2000年代には雑誌を起点に「ハーフ・モデル」ブームもあり (渡会, 2014)，現在に至るまで支配的な表象は維持・再生産されてきた。

　オンライン空間に目を向けよう。目・鼻・おでこ・あご・唇・まつげ……といったように顔のパーツに言及しながら「テレビや雑誌で活躍するハーフタレントやモデルさんに憧れる方は，たくさんいらっしゃいます」「西洋人になるための施術を控えめに行うことによって，理想の顔に近づけることができます」などと述べ「ハーフ顔になれる」ことを謳う美容整形を推奨するサイトが運営され，さらに「しっかりハーフ感を楽しめる」としてカラーコンタクトレンズを「男性の皆さん」に推奨するサイトもあるように，「支配的なハーフ性」はますます多様な展開を遂げながら，しかし，どこか均

質化した「顔」を理想として描き出しつづけている（ケイン, 2019a ; 2021）。したがって，冒頭の TikTok にみられた「ハーフ顔」に関する「常識」は，真空状態から突然 TikTok 上で生まれたものではなく，歴史的プロセスのなかで生成し，投稿者によって，快楽とともに創造的に流用されたものだといえる。

▌4　美の基準と抑圧

　そして，上記の歴史的プロセスこそ，プラットフォームの創造的な表現についてじっくり考えるべきポイントを示唆している。

　そもそも，「ハーフ」という言葉は日本社会において，非常に雑駁に用いられる区別であり，カテゴリーである。一般的には，「外国人と日本人とのあいだに生まれた人びと」といったニュアンスで用いられるが，実際に「ハーフ」をはじめとするカテゴリーで呼ばれる人びとは，身体形質，エスニシティ，国籍，ジェンダー，セクシュアリティ，階級・階層，宗教，出生地，生育地，生活環境などに関わる複雑な構造的力関係に巻き込まれながら，交差的にアイデンティティを形成し，質的な差異を抱えて生活している人びとである（下地, 2021）。さらにいえば，「ハーフ」「ダブル」「ミックス・ルーツ」「外国につながる子ども」「移民二世」「外国に（も）つながる人びと」など，どのようなカテゴリーで自らを名乗るか，どのようなカテゴリーを避けるか，ということ自体が当事者にとって重要なことがらであるので，「ハーフ」という言葉はフラットな表現とは言いづらい（ケイン, 2019b）。

　だが，「支配的なハーフ性」が広範に流布・定着・注目されるなかで，多様な内実があることがかえりみられなくなってしまった。だからこそ，近年では，圧倒的な「常識」によって後景化・不可視化された，ごく普通の日常を生きる「ハーフ」の姿と彼らが日々の生活で直面する諸問題について，当事者の手で，映画制作や書籍の出版，SNS での発信を介した対抗表象を創造する試みが現れてい

図 6-1　ハーフ達 ドキュメンタリー映画『ハーフ』自主上映者募集サイト [1]

図 6-2　映画『WHOLE』公式ホームページ [2]

る（映画『HAFU』，『WHOLE』，ケイン（2019a））。

　当事者を中心に対抗的な表象が現れるのは，特定の「ハーフ」表象ばかりが，あまりにも偏って，しかも圧倒的に，美の基準（スタンダード）として流通しているからである。それは当事者にとって，いつだって，対面でもオンラインでも，「常識」的な美の基準によって，比較され，消費され，貶められ，欲望される可能性に満ちた，累積的かつ圧倒的な抑圧で覆われた日常があるということだ（ケイン，2021）。そして，多様な身体やルーツがスルーされる状況のなかにおいて共有された

1）https://unitedpeople.jp/hafu/hafu（最終閲覧日：2023 年 3 月 23 日）

2）https://www.whole-movie.com/（最終閲覧日：2023 年 3 月 23 日）

「常識」もまた，抑圧にほかならない。

　したがって，TikTok における「ハーフですか」という投稿者の自問自答は，抑圧と無縁ではない。なぜなら，必ずしもポジティブなだけではない意味をもつ「ハーフ」という言葉を入れ込んでなされる「ハーフですか」という質問は，この社会が当事者に突きつけつづけてきた質問と同じ言葉であり，「常識」的な美の基準との比較を促すことで，マイノリティの序列化や周縁化を押し進めてきたものなのだから。

　すでに抑圧のある社会で生み出されたプラットフォームにおいて生成する，創造性と快楽は，ユーザーの裁量を越えてしまうほどの厚みをもった社会の仕組みによって構成された抑圧と共にある。だからこそ，TikTok の投稿者がどれほど「清く・正しく・美しく」生きていようとも，近年の SNS 上のトレンドである「丁寧な暮らし」を心がけていようとも，プラットフォームを介して，歴史的な抑圧を参照した創造的実践を繰り出す限り，投稿者も視聴者もマイノリティの抑圧に加担してしまうのだ。

　したがって，プラットフォームは無色透明なものでもなければ，万人に開かれた自由かつフラットなものでもない。プラットフォームは，「人種を基盤とする力学」（ボイド, 2014 : 271）と無関係ではなく，各種デバイスを介して，わたしたちの指先はいつでも「何気なく」抑圧に加担しうるのだ。

▍5　ちぎりとられたダイバーシティと否認するレイシズム

　先日，とある有名アパレルブランドの EC サイトを何気なく閲覧しているときに，「多様性を意識していると思うのですが，国内サイトなのでそこまで意識しなくても良いと思います」という匿名コメントが投稿されていることを発見した。セーターをまとうモデルの肌の色が「日本人らしくない」ことへのクレームである。そこに多数の「いいね」がついていることにも非常に驚かされた。このク

レームを事例として，プラットフォームと人種差別主義のつながり
について考えてみたい。

　モデルの肌の色が「日本人らしくない」ことへのクレームは，ま
ずもって，さまざまなルーツと身体をもつ人びとが日本社会で暮ら
しているという当たり前の事実を見逃してしまっている。厚生労働
省の人口動態統計では「父母のどちらか一方が外国人の子」が年間
2万人単位で推移していることが確認できる。つまり，「日本人ら
しくない」というクレームは，多様な身体をもつ「日本に（も）ルー
ツをもつ人びと」という意味での「日本人」の多様性を反映してい
ないコメントだといえる。

　また，「多様性を意識していると思うのですが，国内サイトなので
そこまで意識しなくても良いと思います」というコメント（とそこへ
の「いいね」）が示唆することは，「多様性はアピールするものであって，
現状自分たちの周りにあるものではない」という「常識」の存在だ。

　実際には日本社会には多様なルーツをもつ人びとがずっと存在
してきた。そのように述べると，ただちに「日本は島国だし鎖国し
ていたから」という典型的な反論が寄せられそうだが，島国だから
こそ「鎖国」していても人びとは海を介して越境してきたのであり，
だからこそ，近年は「鎖国」という言い回し自体が見直されている。
したがって，歴史と現実を反映していない思い込みだ……と断じる
誘惑にかられるのだが，この匿名コメントの「意識している」とい
う言葉のチョイスについて，もう少しじっくり考えてみたい。

　実際，「多様性を意識している」取り組みは世のなかにあふれて
いる。「多様性の尊重」「ダイバーシティ推進」「SDGsの取り組み」
といった文言は，企業や大学を含む組織において，（実質的なものかは
さておき）「よいもの」という旗印のもとで採用されてきた。こうし
た近年の動向を，「意識している」という言葉でやや揶揄している
のが先述の匿名コメントだと考えられる。

　多様性を重視する近年の動向は，しばしばダイバーシティ＆イン
クルージョン（D＆I）を実現する**ダイバーシティ・マネジメント**と

して，人材の多様性を活用しつつ，組織の生産性を向上させる経営手法として肯定的に注目されてきた。

　だが，その表層性や形骸性は批判を呼んでいる。つまり，ダイバーシティ・マネジメントとは，利潤を生みだす限りにおいてのみ「多様性をもつ人びと」を肯定的にターゲットにするものであって，平等・公正の達成を目指す持続的取り組みではない，ということだ。

　中身を伴わない表層的な多文化志向は，「うわべ」を取り繕うにすぎない多文化主義——すなわち，**コスメティック・マルチカルチュラリズム**（モーリス＝スズキ, 2002）——，さらには，マイノリティの歌やダンスを喜ぶ一方で住民としての権利を奪い，政治的に抹殺する暴力的な態度——**政治的死体嗜好症**（ハージ, 2010）とも言い換えられるだろう——として批判もされている。さらに，差別や抑圧に加担する組織が批判をかわす「盾」として，「利益を生み出せそうな多様性」を選出・称揚し，その一方で，「利益が見込めない多様性」は周到に排除するジャッジは，**ちぎりとられたダイバーシティ**として批判されてきた。ちぎりとられたダイバーシティは，**否認するレイシズム**とも密接な関係にあることに注意すべきだ。否認するレイシズムとは，日本社会において人種差別が告発された際に，その被害を（海外と比較しながら）矮小化するふるまいである（ケイン, 2020）。要するに，「人種差別は海外にはあるけど，日本は「日本人」ばかりだし，そもそも人種差別なんてないし，あったとしてもたいしたことないよね」という姿勢ないしは言動のことである。表層的であるにせよ，否認するにせよ，すでに目の前にある社会の多様性を受け止めようとしない点は共通であり，こうした動向が，匿名コメントの「意識」とそう遠くないことは明らかだろう。

　「意識」するまでもなく，そして，否認しようとも，この社会には多様性がある。それにもかかわらず，多様な生のありかたを制約する抑圧があるのだ。

　匿名コメントとそこに集う「いいね」は，身にまとう衣服をチェックすべく何気なく EC サイトを訪れたマイノリティをいつで

も抑圧しうる。さらに，マジョリティにも偏った「常識」を印象づけていく。多様性を表層的なものでしかないとみなし，何気なく多様な身体とルーツを序列化・周縁化する振る舞いは，さりげない日々の言動によって人種的マイノリティを抑圧する**日常の人種差別主義**そのものだ（Essed, 1991；2002）。

▎6 「場所貸し」の問題

だが，問題を匿名ユーザーにのみ還元してはならない。問題はプラットフォームを運営する企業にもあるからだ。そもそも，多くのプラットフォームにコメント機能があるのは，そこにユーザー（☞本書142頁）を少しでも長く滞留させるためだ。公衆の目に自らのコメントを掲示する機能は，再度プラットフォームを訪れる強い誘因となる。だが，ここで問題となるのは，「自由なやりとりができる空間を提供してるだけなので！」というプラットフォーム企業のスタンスが，差別を誘発する投稿を実質的に放置しがちな点だ。自分たちは自由なことができる 台 地 を「場所貸し」しているだけというプラットフォーム企業のスタンスは，差別的な投稿がなされても「自分たちの責任ではないので……」と積極的に対処しないふるまいを正当化してしまうからである。

政治学者ジョディ・ディーンが指摘するように，情報技術によって絶えずコミュニケーションが行き交うことで利潤をうみだす現代の資本主義においては，たとえデータが「真実」であろうが「虚偽」であろうが「差別」に満ちていようが，より多くの経済的価値を生み出せそうな情報を優先的に流通・循環させる**ビジネスの論理**が特徴となる（Dean, 2016；伊藤, 2019）。したがって，単純に考えれば，差別・抑圧への対処よりも，経済的価値が優先される。こうしたプラットフォームでは差別は野放しとなり，もともとはマイノリティの生存に関わる自由だったはずの**表現の自由**が，差別や抑圧による被害を相対的に受けにくいマジョリティ（多数派）が差別を実行し，

差別への告発をスルーするばかりの変質した「表現の自由」として横行することになる（ホン, 2021）。

とはいえ，差別が行きかうオンライン空間の提供者であるプラットフォームも，無策であるわけではない。ユーザーが自由に押せる「通報ボタン」も，その対応策の一つだ。だが，あくまでもユーザーの自発性に任せて「通報を待つ」という姿勢は適切なのだろうか。本来であれば企業がすべき監視・チェック・配慮を，外部化しているというのに。「通報ボタン」を設置することで，レイシズムを見抜き抵抗する認知能力をもつ多数のユーザーに創造的かつ無賃の労働を行わせ，自らは「場所貸し」で利潤の増大に努めているわけだ。プラットフォーム企業の取り組みで重要なのは「ポリシーの改訂」であるといわれる（モザド & ジョンソン, 2018）。だが，ポリシー改訂のような形式的かつ表層的な「脱差別」ではなく，実質的な「反差別」の取り組みこそ，求められているはずだ。マイノリティが抑圧にさらされ，創造性と快楽の享受に不平等が生じているのだから。

┃ 7　人種化に抗して

抑圧と差別の維持強化に加担するプラットフォーム企業への批判が高まるにつれて，しばしばAIによって差別発言を検知し，当該の投稿を不可視化・削除する対処が掲げられることもある。だが，AIは魔法の道具ではない。AIを適切に活用するには，人の手によって，学習内容を適切に準備しなければならないからだ。差別発言には，あからさまなものばかりではなく，ほのめかしや文脈によって差別発言となる文言，隠語の使用によるものなどがあり，そもそもAIに適切な学習をさせることにハードルがある。加えて，膨大な差別発言の収集・解析を方向づけるのは，生身の人間なので，担当者の心身への苦痛も大きな課題として指摘されている（和泉ほか, 2021）。反差別的なAIの開発は必要かつ急務だが，決して万能な解決策とまではいえないのである。

　どうせ人の手を介するならば，人びとの良心に訴えかけるという手法もあるだろう。差別や抑圧に苦悩するマイノリティの姿を各種プラットフォーム上に登場させ，人びとの関心を引くという手法だ。まさしくダイバーシティ・マネジメントを積極的に行うという手法である。

　効果が期待される一方で，別の問題が出現する。**立ち入った経験主義**や**道徳的食人主義**と呼ばれる問題だ。これらは，マジョリティが一方的にマイノリティの経験に立ち入り，その生活の詳細を明るみにし，（お涙頂戴の）見世物^{スペクタクル}として食らいつくすように消費することで，自らの「道徳的誠実さ」を育て，かみしめるばかりで，社会問題の構造に介入しないままとなり，結果的に差別や抑圧の解決につながらないという問題である（バック，2014）。レス・バックは，C.W. ミルズの**社会学的想像力**の議論を参照しつつ，立ち入り食らいつくすばかりではなく，個人が直面する私的な問題を「社会的，経済的，政治的諸力の中で生じる公的な問題へと関連付ける」ように，時間をかけて研究を行うことや反省的思考を育てることが「大切」だと論じる（バック，2014：51）。

　だが，マイノリティの生活時間も 24 時間だ。マジョリティがじっくり考えている間に，時間は過ぎ去り痛みは蓄積する。したがって抑圧への介入や抵抗はスピードも一方で求められる。

　だからこそ，まずは振り返っておくべきことがある。問題は人びとを序列化し，差別をするために創り出された「人種」という分類によって，いまも差別が繰り広げられていることだ。わたしたちの住む社会は，かつて特定の人びとを労働力となる「奴隷」として分類し，金や香辛料のような「資源」として収奪してきた。つまり，強制労働や利潤のために生み出されたカテゴリーこそ，「人種」なのだ。特定の人びとを収奪の対象として区分けし，差別を正当化し，資本を蓄積し，近代化をすすめてきた，まさしく人種資本主義^{レイシャル・キャピタリズム}を前提とする社会の延長線上でわたしたちが生きていることを，決して忘却してはなるまい（梁，2020；ギルロイ，2021；小笠原，2021）。

　マジョリティによってマイノリティの社会的属性を標的に繰り出される，公共空間ならびにオンライン上のヘイトクライムやヘイトスピーチ，複数のルーツをもつ著名人が活躍するたびに巻き起こる「日本人」の枠組みを拡張・縮小する言い回しにまで潜む，「人種」によって能力・資格・アイデンティティを本質的にジャッジする人　種　化を，まずは批判すること。創　造性と快楽と経済的利得のなかで情報を循環させ，人びとを人種化し，差別と抑圧を正当化する社会において成長するプラットフォームの「人種を基盤とする力学」と批判的に対峙するためのスタート地点は，ここだ。

●ディスカッションのために
① 「「ハーフ」という言葉はフラットな表現とは言いづらい」のはなぜか，本文の記述を丁寧に追って確認してみよう。
② 「プラットフォームは無色透明なものでもなければ，万人に開かれた自由かつフラットなものでもない」のはなぜか，本文の記述を丁寧に追って確認してみよう。
③ 「ちぎりとられたダイバーシティ」とは何か，どのように「否認するレイシズム」と密接に関係しているのか，本文の記述を丁寧に辿りながら考えたうえで，こうした問題に対して，プラットフォーム企業がどのような責任を果たすべきだと筆者が考えているのかについて話し合ってみよう。

【付　　記】
本章は，2022 年 2 月に執筆者から入稿された原稿を，残された編者・編集部が閲読し，必要最小限の校正を加えたものである。

【引用・参考文献】
和泉　悠・仲宗根勝仁・朱　喜哲・谷中　瞳・荒井ひろみ (2021).「AI はレイシズムと戦えるのか──自然言語処理分野におけるヘイトスピーチ自動検出研究の現状と課題」『思想』(1169): 88–105.
伊藤　守［編］(2019).『コミュニケーション資本主義と〈コモン〉の探求──ポスト・ヒューマン時代のメディア論』東京大学出版会

小笠原博毅 (2021).「訳者解題」『思想』(1164): 69–71.

ギルロイ, P. ／小笠原博毅 [訳] (2021).「二度と決して──人種を拒絶し人間を救済すること」『思想』(1164): 69–88.

ケイン樹里安 (2019a).「「ハーフ」にふれる」ケイン樹里安・上原健太郎 [編]『ふれる社会学』北樹出版, pp. 95–102.

ケイン樹里安 (2019b).「「日中ハーフ」とメディアの権力──「日中ハーフあるある」動画の多義性」『新社会学研究』4: 180–201.

ケイン樹里安 (2020).「話題のナイキ広告で噴出──日本を覆う「否認するレイシズム」の正体」『現代ビジネス』〈https://gendai.ismedia.jp/articles/-/77893（最終閲覧日：2022 年 6 月 9 日）〉

ケイン樹里安 (2021).「ルッキズムとレイシズムの交点──「ハーフ」表象をめぐる抑圧と対処」『現代思想』49(13): 28–40.

高 美衵 (2014).「戦後日本映画における〈混血児〉〈ハーフ〉表象の系譜」岩渕功一 [編著]『〈ハーフ〉とは誰か──人種混淆・メディア表象・交渉実践』青弓社, pp. 80–113.

下地ローレンス吉孝 (2021).『「ハーフ」ってなんだろう？──あなたと考えたいイメージと現実』平凡社

ハージ, G. ／水谷 智 [訳] (2010).「多文化主義的統治性の限界における文化間関係」『社会科学』86: 11–37.

バック, L. ／有元 健 [訳] (2014).『耳を傾ける技術』せりか書房〔原著：2007〕

ボイド, D. ／野中モモ [訳] (2014).『つながりっぱなしの日常を生きる──ソーシャルメディアが若者にもたらしたもの』草思社〔原著：2014〕

ホン・ソンス／たなともこ・相沙希子 [訳] 朴 鍾厚 [監修] (2021).『ヘイトをとめるレッスン』ころから〔原著：2018〕

モーリス＝スズキ, T. (2002).『批判的想像力のために──グローバル化時代の日本』平凡社

モザド, A., & ジョンソン, N. ／藤原朝子 [訳] (2018).『プラットフォーム革命──経済を支配するビジネスモデルはどう機能し、どう作られるのか』英治出版〔原著：2016〕

梁 英聖 (2020).『レイシズムとは何か』筑摩書房

渡会 環 (2014).「「ハーフ」になる日系ブラジル人女性」岩渕功一 [編著]『〈ハーフ〉とは誰か──人種混淆・メディア表象・交渉実践』青弓社, pp. 178–197.

Dean, J. (2016). *Peak affect communicative capitalism and the lure and outrage,* the draft of a speech for Cultural Typhoon.

Essed, P. (1991). *Understanding everyday racism: An interdisciplinary theory.* Newbury Park, CA: Sage.

Essed, P. (2002). Everyday racism: A new approach to the study of racism. P. Essed, & D. T. Goldberg (eds). *Race critical theories.* Malden, MA: Blackwell.

Okamura, H. (2017). The language of "racial mixture": How ainoko became haafu, and the haafu-gao makeup fad. *Asia Pacific Perspectives,* 14(2): 41–79.

Decoding Platform Capitalism

第Ⅲ部
インフラ化する
プラットフォームの現在と未来

Chapter 07

スマートシティで安楽の夢をみることができるか
ゴーレム化する都市のセキュリティと戦争の恒常化を考える

佐幸信介

Key Words：スマートシティ／ICT／インフラ／IoT／CPS／ゴーレム／戦争／
セキュリティ／スマートコミュニティ

●柏の葉スマートシティのウェブサイト＊ 柏の葉スマートシティは，環境共生，健康長寿，新産業都市のキーワードがうたわれ，官・民・学の連携によって作られた街である。ところが，駅の広場に出ると予想に反して，これまで何度も見たことがある普通の街の光景があった。（☞本章 98 頁）

●「AI」「ドローン」「兵器」を検索クエリにした Google 検索結果＊＊ 彼ら［ネグリとハート］がゴーレムの破壊と暴走に注目するのは，もはや寓話とは呼べないほど戦争のためのテクノロジーが自律的に作動しているからである。（☞本章 106 頁）

＊https://www.kashiwanoha-smartcity.com/（最終閲覧日：2023 年 3 月 23 日）
＊＊https://www.google.com/search?q=AI%E3%80%80%ドローン%E3%80%80%兵器
（最終閲覧日：2023 年 3 月 23 日）

▌1 見える都市，見えないスマートシティ

◉スマートシティを歩く

「スマート」シティ＝「賢い」都市とはどんな未来の姿をしているのだろうか。そう思い立ち，スマートシティの先駆けとされる千葉県柏市の「柏の葉スマートシティ」へ行ってみた[1]。事前にホームページで概要はチェック済みだ。柏の葉スマートシティは，環境共生，健康長寿，新産業創造都市のキーワードがうたわれ，官・民・学の連携によって作られた街である。

　ところが，駅の広場に出ると予想に反して，これまで何度も見たことがある普通の街の光景があった。駅を取り囲むようにショッピング・モールと中層のホテル，マンションがいくつも建っている。そのなかの一つ，ショッピング・モールに足を踏み入れる。ここは，ホームページでエネルギー棟と紹介されていた。しかし，しばらく歩き回ったものの，普通のショッピング・モールと何ら変わらない。既視感だけを体験し，外に出た。

　周囲をしばらく歩こうと千葉大学のキャンパスに向かうが，自動車が行き来している道路によって歩行の動線が遮断される。方向転換して，オシャレな書店があるはずだと再び歩き始めるが，その書店も幹線道路に面しており，書店内の空間の質感とは対比的に殺伐としたロケーションの方が印象的である。もう少し歩き回れば，この街の別の相貌にも出会うかもしれないと考えたが，このスマートシティが，駅を中心とした消費と住居，大学キャンパス，ICT[2]系を中心とした企業や研究所と三つにゾーニングされていることを思い出す。街の中核部分は駅に隣接したショッピング・モールを中心

---

1) 国土交通省のホームページ「都市交通調査・都市計画調査：スマートシティに関する取り組み」〈https://www.mlit.go.jp/toshi/tosiko/toshi_tosiko_tk_000040.html（最終閲覧日：2023 年 3 月 31 日）〉の事例を参照のこと。

2) Information and Communication Technology の略。情報通信技術のこと。

に構成され，自動車のための道路によって囲まれた街空間であることに納得する。むしろ，通勤や通学，居住や消費にあたり鉄道や自動車が利用しやすい場所に立地していることが，この街の特徴を表している。

　視覚的な普通の都市と，見えないスマートシティ。いくら歩いても，スマートシティとは実感できないスマートシティ。街の都市計画や視覚的な建築空間は，従来のまちづくりと同様の手法がとられ，見えない情報システムがこの街のインフラとして構成されている。ここでの生活は，人びとが気づかないうちにスマートな環境のなかで成り立っているのだろう。生活や行為そのものを自らの手で変える必要はない。スマートシティは，人間のスマートな（たとえば，従来の過剰消費を見直すような）ライフスタイルを可能にするのではなく，これまでのライフスタイルを維持するか，より向上させるためのスマートな環境を提供する見えないシステムなのだ[3]。人びとが日常的に「スマートな生活とは何か」を問わなくても済むような環境を作ってくれるのが，スマートシティであると言ってもよい。快適性や効率性の重視は，「人間」に対して過保護な環境でもある。

◉のっぺらぼうの都市デザイン

　スマートシティは，このように視覚的な都市・建築空間と見えないシステムの二重のレイヤーで作られている。この二重性について考えたとき，都市の本質的な部分が，建築的なものなのか，それとも見えないシステムのほうなのか，という問いに直面する。この問題について，建築家の磯崎新は，1990年代の初めに見えない都市

3）たとえば柏の葉の地域住民向けに「スマートライフパス」というサービスが提供されている。それは，食事や運動を記録し，専門家からアドバイスがもらえるAIアプリとセットである。そしてそのアプリにユーザーが自身の健康診断のデータを連携すればパーソナライズされた疾病リスクとそのリスクに対応したアドバイスが提供される〈https://www.dataplatform-portal.jp/slpExplanation（最終閲覧日：2023年3月31日）〉。

として「コンピュータ・エディテッド・シティ」という一つのプランを示していた[4]。

磯崎はその特徴を次のように言う（磯崎, 2005：185-186）。都市の中枢にある管理・制御機能を超々スーパーコンピュータに代替し，都市のすべての施設や機関はこのスーパーコンピュータと連接させる。「建築を型で分類する必要もなく，巨大なオーシャン・ライナーが住居，病院，スポーツ，ゲームセンターなど都市生活に必要とする施設のいっさいを網羅して，一つの受容器に押し込んでしまったように，都市の中核施設として，巨大なパッケージをひとつだけつくればいい」。デザインは，内部に快適な環境条件を保持するための保護膜で覆うように，都市のインフラストラクチュア（下部構造）を拡張して，「保護膜としてのスーパーストラクチュア（上部構造）が丸ごと都市中核施設を，すべてすっぽりつつみこむかたちになる」。「一マイルののっぺらぼう」の都市である。

都市であることの存立理由が，磯崎がいうように，中枢のコンピュータに集約されていると考えるのであれば，もはや都市の建築的なデザインは意味をなさない。デザインはのっぺらぼうであればよい。この磯崎のデザインは，シニカルで批評的なものであった。しかし，今から30年ほど前のこのアイディアは，現在のスマートシティの特徴を射抜いているように思える。スマートシティは，あらゆる施設，住居，交通機関，道路のセンサーや監視カメラ，そしてそこに住む人間の身体とコミュニケーション・デバイス（スマートフォン）と隅々にわたって連接する。いわゆるワイヤード・シティ（Hollands, 2008）である。スマートシティの中枢がシステムとネットワークにあるなら，建築空間のデザインは個性的である必要はない。見えない保護膜＝システムに覆われているスマートシティは，建築的には凡庸なデザインの普通の商業や居住スペースで十分なのである。

4）「騙名」（『へるめす』第44号，1993年7月）。同論文は，磯崎（2005）に所収されている。

▌2 インテリジェント・システムからスマートシティへ

◉スマートシティとは何か

　スマートシティについての定義は多種多様にあるが，内閣府が示すのは「ICT〔情報通信技術〕等の新技術を活用しつつ，マネジメント（計画, 整備, 管理・運営等）の高度化により，都市や地域の抱える諸課題の解決を行い，また新たな価値を創出し続ける，持続可能な都市や地域であり，Society 5.0 の先行的な実現の場」というものだ[5]。この総論的な表現は具体性に欠けるから，先行する言説をふまえて特徴を整理しておこう[6]。

　スマートシティは，先進国と途上国の双方で進行する都市化に伴う環境破壊や汚染，交通問題，安全とプライバシー問題，治安の悪化，エネルギー問題といった，将来的に予測される危機との関係で語られ，構想される。こうした問題に対して，ICT とそのシステムを用いて解決を図ろうとする，テクノロジーのネットワーク・システムがスマートシティである。一連の都市問題によって都市そのものが内破することを食い止め，都市が居住可能であること，機能しつづけ持続的でありつづけることが目的とされる。

　その際に，ICT がターゲットにするのが都市のインフラであり，情報コミュニケーションのネットワークである。インフラに ICT を接続し，物理的な空間の次元とサイバー空間の次元とをシームレスに結合させる。インフラは，道路や鉄道，空港，港湾などの交通，電気やガスなどのエネルギー，上下水道などの生活基盤，人びとのコミュニケーションに関わる情報網など多岐にわたるが，ICT は，もう一つのインフラとして，これらの状態を監視，チェックし解析する重要インフラ（critical infrastructure）でもある。

5）内閣府ホームページ〈https://www8.cao.go.jp/cstp/society5_0/smartcity/index.html（最終閲覧日：2022 年 6 月 9 日）〉

6）佐幸（2021），Karvonen et al.（2019），Marvin et al.（2016）を参照のこと。

◉ネットワーク化されるインテリジェント・システム

　都市は，常に動きつづけているパフォーマティブな存在である。つまり，交通，エネルギー，人の移動やコミュニケーションなど，止まることのないさまざまなフローが複雑に関係しあって全体を構成している。ICT は，このフローを情報化し，クラウド上に集積して，モニタリング，監視，解析し，問題を見つけ出す。そして，常に動き続けている都市の活動を止めることなく，制御・コントロールしようとする。

　このように都市の物理的次元とサイバー空間の次元がシームレスに構成されるためには，都市のいたるところにコミュニケーション・デバイスが組み込まれていなければならない。いわゆる IoT（モノのインターネット）システムである。センサーやカメラ，GPS（全地球測位システム）搭載のカーナビやスマホといったデバイスは，無線・有線，Wi-Fi，衛星などをとおしてデータを常時クラウド上に吸い上げビッグデータとして蓄積する。このシームレスな次元では，人間もまたネットワークの一要素でしかない。人間のコミュニケーションも情報のフローの一つなのである。

　都市のインフラ‐フローの問題系に加えて，AI（人工知能）が駆使され，自律的なインテリジェント・システムが構築される。複雑に分化した都市機能を考えると，人間の判断能力をはるかに超えた膨大な情報処理・解析を必要とする。交通システム，スマートホーム，エネルギーのシステム，生活の安全やプライバシー，健康，政府，教育といったそれぞれの領域に対応したサイバー空間のインテリジェント・システムが領域化されることになる[7]。CPS（サイバーフィジカルシステム）と呼ばれるこのシステムは，サイバー空間での定量的な解析を現実の都市へとフィードバックし，都市を構成する環境，フロー，そして人間の行為をコントロールしていく。

　Web5.0 にまで高度化すると，次に構想されるのは，個々の領域

---

7) Voda & Radu（2019）を参照のこと。

で自律的に機能していたシステムを，サイバー空間上で相互に結びつけるメタ・ネットワークである。CPS が機能的に拡張され，蓄積されたビッグデータ全体が解析の対象となる。たとえば，乗用車，トラック，バス，タクシーなど無数の交通と天候，道路の混雑状況，排気ガス排出量，ドライバーの心理・身体状態などが複合的に解析され，適切な交通量や運転方法，ルート，所要時間，エネルギー消費量，事故の発生確率などが割り出されていく。自律分散的なシステムをさらに相互に結びつける，メタレベルの自律分散型のプラットフォームという性格を持つ。この相互システムは，しばしば都市OS（オペレーティングシステム）と呼ばれる。スマートシティは，物理的空間とサイバー空間とが垂直的に結びつけられ，サイバー空間内でデータが水平的に結びつけられた，インテリジェント・ネットワーク・システムということができる。

3　ゴーレムとしてのスマートシティ：資本とテクノロジー

◉スマートシティと資本主義

　スマートシティのプロジェクトの多くは，パブリックとプライベートとの協働で進められる。冒頭で触れた柏の葉スマートシティも，自治体，大学，企業（プラットフォーム企業やゼネコンや不動産）との連携であった。そして，スマートシティのシステムを開発するのは，次頁の図 7-1 にあるように Cisco や Siemens，Microsoft，IBM，Huawei（ファーウェイ）といったグローバル企業である。

　世界のスマートシティ市場は，2010 年から 2030 年の 20 年間の累計でおよそ 4000 兆円の規模になることが見込まれている[8]。この巨大な市場予測は，スマートシティがすでに一つの産業として成

---

8)「世界の最重要国家戦略"スマートシティ"」Smart City Project 〈https://official-old.smartcity.jp/outline/index.html（最終閲覧日：2022 年 6 月 9日）〉

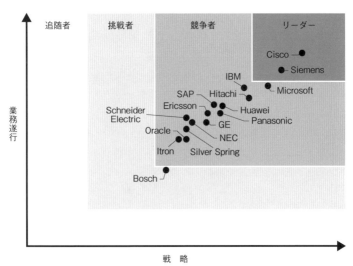

図 7-1　スマートシティのシステムを開発している企業群
（Vasile & Mocan（2019）の Fig. 15 を元に作成。訳は筆者による）

立していることを表している。こうした資本主義は「コミュニケーション資本主義」とか「プラットフォーム資本主義」としてこれまで議論されてきた[9]。その特徴は、「データの集積と AI 技術を駆使した解析とそのフィードバック、そして次のさらなる高次のデータ収集という何層にも積み上げられた、垂直的に構築された情報回路の私的企業による独占」（伊藤, 2019）であり、膨大な情報とメタデータが産出され、コミュニケーションそのものの循環が資本の循環と分かちがたく結びつく新たな資本主義のモードである。

　環境やエネルギー、交通、医療や健康、教育といったパブリックな領域が、グローバル企業によって市場化される。都市が持続的に存続するために、巨大な資本が投資され新たな経済成長が戦略化される。このような問題の出発点と結果との関係は、「都市と環境を守るために経済成長をする」といういっけん矛盾する論理とな

9）伊藤（2019）、Dean（2002）を参照のこと。

るが，この矛盾する関係を接続するのがスマートシティである。こうした諸問題があるほど，スマートシティの資本生産性は高まるからだ。そして現在，スマートシティをバージョンアップした「スーパーシティ」というプロジェクトも計画されている。新しく都市全体を計画，建設してしまおうというプランである。トロントや杭州などの先駆的な例をはじめ，日本でも国家戦略特区と連動させ，大阪の「うめきた2期」エリアの万博後の跡地利用，静岡県裾野市のトヨタ主導の実験都市「ウーブンシティ」などいくつもの自治体がその対象地となっている。

●テクノロジーのアナロジーとしてのゴーレム

都市のためのテクノロジーのシステムではなく，システムとしてのスマートシティが都市をコントロールし統治していくような関係について，ここでゴーレムという寓話的存在を考えてみよう。テクノロジーがはらむ危険性について，ユダヤ教に起源を持つ「ゴーレム」を科学技術に重ねあわせる議論がある。ゴーレムとは，粘土で作られた人形で，ユダヤ教のラビ（祭司）の儀式によって生命が吹き込まれた人造の生き物である。人間に仕える下僕となるゴーレムは，力持ちで，さまざまな能力を発揮する一方で，不細工な容貌をしている。そして，自分がどれほどの力を持っているのかなど，自分自身については無知な愚か者であり，つまり魂を持たない創造物である [10]。

アントニオ・ネグリとマイケル・ハートは，ゴーレムについて現代の戦争と関連づけて言及している（ネグリ & ハート, 2005：40-43）。ヨーロッパの中世から近代にかけてゴーレムを創造することに伴う危険性が伝説として強調され，とりわけ近代になるとゴーレムの寓話は，

---

10) ユダヤ教の「創世記」以降，ゴーレムについて数々の伝説や神話が生みだされてきた。この歴史的な経緯については，ショーレム（1985）を参照のこと。また，さまざまな文学，映画，アニメなどでゴーレムがキャラクターとして登場していることはよく知られている。

創造よりも破壊に焦点がおかれた二つのタイプの伝説が登場するという。一つは，ラビに生命を吹き込まれたゴーレムが日に日に巨大になり，ラビ自身が下男であったゴーレムに押しつぶされてしまうというもの。二つ目は，ゴーレムが人間には制御できない力を発揮し，暴力の自動人形になってしまうというものである。ユダヤ人が敵から身を守るために創造したはずのゴーレムが暴走し，敵だけなくユダヤ人も無差別に殺戮してしまう。人間が世界のコントロールを失い，機械がそれに取って代わるだけでなく，戦争と暴力にまつわる不可避の盲目性についての寓話が生み出されてきたという。

　彼らがゴーレムの破壊と暴走に注目するのは，もはや寓話とは呼べないほど戦争のためのテクノロジーが自律的に作動しているからである。たとえば「戦場や空中および海上にいる人間は，機械の人工器官と化している。あるいは，複雑な機械・電子装置の内部要素と言ったほうがいいかもしれない」と述べ，「戦争は技術的に見れば仮想的なものとなり，軍事的に見れば非身体的なものとなる」（ネグリ & ハート，2005：92-94）と指摘する。

　仮想的であり非身体化する戦争のアナロジーこそがゴーレムである。こうした戦争とゴーレムについての議論をスマートシティに関連づけることは奇異に映るかもしれない。しかし，ゴーレムが人間の手から離れて自律的に作動する点に，テクノロジーと同型な特徴を見いだすことは容易に可能である。これまで述べてきたように，スマートシティにおいて人間はもはやネットワークの一要素でしかなく，人間によって開発され息を吹き込まれたスマートシティにおいて，逆に人間がスマートシティの下僕となるような転倒が生じているからである。

◉セキュリティ：スマートシティと現代の戦争の共通項

　だが，ゴーレムの寓話でより重要なのは，戦争に用いられるテクノロジーとスマートシティに用いられるテクノロジーがその機能において同質であることに気づかされる点である。それは，端的に

言って両者とも「セキュリティ」に関わるからである。ネグリとハートは，21世紀に入り戦争を「防衛」から「セキュリティ」へとシフトさせる政策転換が生じたという。現在，セキュリティの名のもとに先制攻撃や予防戦争が正当化される。セキュリティとは，フーコーがいう生権力的な意味で，「積極的かつ恒常的に軍事活動／警察活動を行うことを通じて環境を形づくること」によって可能になり，「積極的に形成された世界だけが，安全な世界」と見なされるものである（ネグリ&ハート, 2005：56-57）。つまり，セキュリティを目指す戦争は，セキュリティを脅かすものを，あらかじめ攻撃し芽を摘んでしまおうとする。

　スマートシティが行っているのも，広義のセキュリティである。決して防犯や治安に限定されるものではない。私たちの生活環境と情報環境は，不可分に結びついている。重なり合う環境のセキュリティが問題となる。このセキュリティは，文字通りの安全であると同時に，快適性や利便性，心地よさなど人びとの生活が成立する環境そのものを指しているのである。スマートテクノロジーは，侵入するウィルスやハッキングに対して，常にファイアーウォールを更新しつづけながら，その内部では常にデータをセンシング・監視・モニタリングし，解析して環境に問題が生じないようにコントロールする。そして，生じた問題に対して指令や警告を出し，アタッキングする。ゴーレムによって守るべき対象のユダヤ人が殺されてしまったように，人間こそがセキュリティを脅かすものとして，モニタリングや監視，攻撃の対象になる。都市が効率的に機能し，快適な環境を持続させるうえで，もっとも厄介な行為をするのが人間なのである。こう考えると，スマートシティとは，都市のセキュリティを目指して平和裏に行われている，環境に対する資本と電子的テクノロジーによる戦争の恒常的状態であるということができるのである。

▌4　おわりに：オルタナティブな方向は可能か

●ブラックボックス化する生活圏

　スマートシティが登場し始めた 2010 年前後，現在とは別の方向性の議論があった。それは，ビジネスの論理に誘導されるものではなく，コミュニティを一つの社会単位とするところからスマートシティを考えようというものである[11]。

　ビジネスの論理のスマートシティは，技術中心主義の立場からさまざまな都市問題を制御しようとする。いわばスマートシティというシステム自体が，都市を統治するという性格を持つ。この環境下で人間は，サービスや商品の享受者としてシステムに埋め込まれる。そして，スマートシティに投入される資本やテクノロジーが膨大になればなるほど，人間にとってテクノロジーのシステムはブラックボックス化し，環境破壊をはじめとした都市問題と接することから遠ざかっていくという矛盾を抱えることになる。

●オルタナティヴな可能性を拓くために

　わたしたちは，二重の意味でゴーレム化するスマートシティと対抗していかなければならない。直面する社会の持続可能性という問題と，その問題から「人間」を遠ざけようとするスマートシティの統治という二つの問題である。

　コミュニティを基点にしたスマートコミュニティという発想は，技術的には同様のインテリジェント・システムを用いつつも，それを持続可能性の問題に関する知や政策，ライフスタイルを議論する文化の「共有」（common）の方法として，またスマートシティの統治に対して人間の偶有的な出会いを可能にするソーシャルキャピタルやネットワークの「集まり」（communal）の方法として考えていくきっかけとなる。

---

11) Hollands（2008），Deakin（2014），Marvin ら（2016）を参照のこと。

　プラットフォームをスマートシティやそのシステムではなく，人間の生活に直結した現実のコミュニティであると考えるならば，ゴーレム化するスマートシティを用いないこと，あるいは不便で手間がかかるライフスタイルを選ぶことも可能であるといえるだろう。

　スマートシティは，人間が都市問題の原因となる愚かな行為をすることを教えてくれる。しかし同時に，自らが賢いのか愚かなのかを知らない無知なテクノロジーの塊でもある。では，いったいスマート＝賢いのは誰なのか？　その答えを，スマートシティは教えてくれない。

●ディスカッションのために
①ゴーレムはどのような意味において現代の戦争と結びつけられているのか。本文の記述にしたがって説明してみよう。
②セキュリティの維持を突き詰めていくと（つまり，スマートシティがゴーレム化していくと）例えば銃を持つ警察ロボットが配備されるような事態も想像できる。「銃」「ロボット」「警察」という言葉を同時に検索して，これまでに，どのような事例や報道，議論があるか調べてみよう。
③本章で使われているスマートコミュニティという言葉がどのようにスマートシティと対比されているか，まとめてみよう。そのうえで，どのようなスマートコミュニティが考えられるかイメージして自由に意見を出してみよう。

【引用・参考文献】
磯崎 新（2005）.『建築家捜し』岩波書店
伊藤 守（2019）.「デジタルメディア環境の生態系と言説空間の変容」伊藤 守［編］『コミュニケーション資本主義と〈コモン〉の探究──ポスト・ヒューマン時代のメディア論』東京大学出版会, pp. 3–34.
佐幸信介（2021）.『空間と統治の社会学──住宅・郊外・ステイホーム』青弓社
ショーレム, G. ／小岸 昭・岡部 仁［訳］（1985）.『カバラとその象徴的表現』法政大学出版局〔原著：1960〕
ネグリ, A., ＆ハート, M. ／幾島幸子［訳］水嶋一憲・市田良彦［監修］（2005）.『マルチチュード（上）──〈帝国〉時代の戦争と民主主義』日本放送出版協会

〔原著：2004〕

Dean, J. (2002). *Publicity's secret: How technoculture capitalizes on democracy.* Ithaca: Cornell University Press.

Deakin, M. (2014). From intelligent to smart cities. In M. Deakin (ed.) *Smart cities: Governing, modelling and analysing the transition.* London: Routledge.

Hollands, R. G. (2008). Will the real smart city please stand up?: Intelligent, progressive or entrepreneurial? *City*, 12(3): 303–320.

Karvonen, A., Cugurullo, F., & Caprotti, F. (2019). *Inside smart cities: Place, politics and urban innovation.* London: Routledge.

Marvin, E., Luque-Ayala, A., & McFarlane, C. (ed.) (2016). *Smart urbanism: Utopian vision or false dawn?* London: Routledge.

Vasile, M. C., & Mocan, M. C. (2019). Questioning if macro-systemic top-down approaches should be used to develop smart cities of the future. *Journal of Administrative Sciences and Technology*, Vol. 2019 〈https://ibimapublishing.com/articles/JAST/2019/348811/〉, DOI: 10.5171/2019.348811

Voda, A. N., & Radu, L.-D. (2019). How can artificial intelligence respond to smart cities challenges? In A. Visvizi & M. D. Lytras (eds.) *Smart cities: Issues and challenges: Mapping political, social and economic risks and threats.* Amsterdam: Elsevier.

Chapter 08

プラットフォーム資本主義の環境的基盤
カーボンニュートラルとエネルギー問題

山川俊和

Key Words：再生可能エネルギー／グリーンニューディール政策／化石燃料／
カーボンニュートラル／廃棄制約

● **RE100 のウェブサイト *** 再エネ調達率 100％を目指すイニシアティブは Renewable Energy 100（RE100）と呼ばれ，参加している企業は世界では 340 社，日本企業は 62 社にもおよぶ（1 位はアメリカの 83 社）。（☞本章 114 頁）

● **国際連合のパリ協定を解説するウェブサイト **** パリ協定は産業革命以前と比較した世界の平均気温の上昇を，2℃を十分に下回る水準に抑制し，できれば 1.5℃未満にするという努力目標を設定している。今世紀中の排出実質ゼロ，脱炭素化が明確な長期目標となっている。また 5 年ごとの目標引き上げメカニズムが組み込まれている。（☞本章 115 頁）

*https://www.there100.org/（最終閲覧日：2023 年 3 月 31 日）
**https://www.un.org/en/climatechange/paris-agreement（最終閲覧日：2023 年 3 月 31 日）

▌1　プラットフォーム資本主義の環境負荷

◉エネルギー多消費型の経済様式

　スマホ（スマートフォン）が普及して以来，人びとの日常は，情報摂取で忙しい。

> ……いくつか通知がたまっている。お気に入りの新着動画。たいていスルーするニュースの見出し。ゲームアプリのイベント通知［…］（☞本書i頁）

　しかし，そうしたソーシャルメディア環境の維持にどういった資源が浪費され，ひいては「人新世」とも呼ばれるようなこの時代の地球環境にどんな影響を与えているのか，せっかちに指先を動かすわたしたちは，ついつい忘れてしまう。当然のことながら，スマホなどの端末の原料にはコバルトなどの希少資源（☞本書18頁）を含む大量の資源が使用されているし，資源リサイクルとの関わりも深い。また，スマホのアプリなど有形無形のさまざまなシステムを動かしつづけるために，莫大な電力がふんだんに投入されている。

　そこで，本章では，プラットフォーム資本主義と環境問題・環境政策との関わりに注目する。他の章でも議論されているように，資本蓄積の対象がSNSなどのプラットフォームに拡がるということは，伝統的な工業生産を超える領域が資本主義に取り込まれていく（包摂される），という意味を持つ。こうした「経済における感情や認知など非物質的要素の重要性の高まり」は，現代資本主義の新しい側面であり，大いに注目・検討に値する。

　その一方，脱製造業・サービス経済化などの変化が進んだり，感情や認知などが商品化されたりしても，それ自体に経済が環境に与えている負荷を軽減する機能は期待できない。それどころか，「資本主義の非物質的転回」（諸富, 2020）を牽引すると目されている産業は，むしろエネルギー多消費型なのであり，その環境負荷が問題となる。

●環境負荷の具体と企業の取り組み

　プラットフォーム資本主義に欠かせないのが，PCやスマホなど
の端末機器である。これら情報通信技術機器の生産に関わる世界の
二酸化炭素（CO_2）排出量の歴史を振り返ると，2002年に3.2億トン
だった排出量は2011年に5.6億トン，2020年には6.7億トン（予測
値）に増加している。これはネットワークやデータセンターに由来
する排出量の伸びよりも著しく，端末機器が広範な人口に普及した
ことの影響は大きい[1]。

　次に仮想通貨の取引の環境負荷について考えてみよう。代表的
な仮想通貨であるビットコインには，「採掘」と呼ばれる取引過程
がある。仮想通貨の価値づけには，この「採掘」の世界中の取引過
程をコンピュータ上で正確に把握する必要があり，そのエネルギー
消費量は凄まじい。ケンブリッジ大学の調査では，ビットコインの
エネルギー消費量は年間136TWh（テラワット時）であり，世界のエ
ネルギー消費量の0.62％を占めるという。これを国別のエネルギー
消費量（2019年）のなかに位置づけると，マレーシアの147TWhと
スウェーデンの132TWhに挟まれて世界27位に相当する。また，
ビットコインの採掘はコンピュータに負荷をかけ，高度なスペック
も必要になるため，大量の電子廃棄物が生じる可能性も指摘されて
いる。こうした採掘の一大拠点は中国であったが，2021年5月に
中国政府がビットコインの採掘と取引に対する包括的な規制を導入
した影響で，エネルギーが安定調達でき，規制の行方も見通しやす
いアメリカに拠点が移りつつある[2]。

　こうしたデータセンターに用いられるエネルギーは，CO_2を排
出しない「カーボン・フリー」を追求しているが，これは一体なぜ
だろうか。我々が日常的に行うGoogle検索を思い浮かべてみよ

1) 吉田（2017）および「わが国情報経済社会における基盤整備（IT機器の
エネルギー消費量にかかる調査事業）報告書」〈https://dl.ndl.go.jp/view/
download/digidepo_11252899_po_E002741.pdf?contentNo=1&alternative
No=（最終閲覧日：2023年3月31日）〉を参照のこと。

う。検索するときは意識していないかもしれないが，検索はそれ自体で微量の電力を消費する。これが世界中で積み重なれば相当な量となるため，プラットフォーム企業は自らのエネルギー消費に関心を持たざるを得ない。実際に Google 社は，2017 年には世界中の年間消費電力の 100％を太陽光や風力などによって発電された再生可能エネルギー（以下，再エネ）で賄うことを達成し，世界最大の再エネ年間購入企業となっている[3]。2030 年には 24 時間 365 日カーボンフリーエネルギーを達成するという目標を掲げ，電力供給の完全な脱炭素化，事業のカーボンフリーエネルギー化を進めている[4]。こうした再エネ調達率 100％を目指すイニシアティブは Renewable Energy 100（RE100）と呼ばれ，参加している企業は世界では 340 社，日本企業は 62 社にもおよぶ（1 位はアメリカの 83 社）。またパリ協定の長期目標と整合的な目標（SBT）を掲げ認定されている企業は，世界では 982 社，日本企業は 138 社にのぼっている[5]。

---

2) この問題を紹介した記事としては，「ビットコインの電力消費量はグーグルの 10 倍　環境への影響は？」〈https://www.afpbb.com/articles/-/3338700?cx_part=search（最終閲覧日：2023 年 3 月 31 日）〉，「ビットコイン採掘，米国が新たな聖地に」〈https://jp.wsj.com/articles/u-s-takes-bitcoin-mining-crown-after-china-crackdown-11635384382（最終閲覧日：2023 年 3 月 31 日）〉などを参照。なお，ケンブリッジ大学の Cambridge Bitcoin Consumption Index〈https://cbeci.org/index（最終閲覧日：2022 年 6 月 9 日）〉は，ビットコインの電力需要量を 24 時間ごとに更新して表示しており，本章で紹介した数値は固定的なものではない。

3) 一般的に再エネとは，太陽光，風力，水力，バイオマス，地熱によって作り出されたエネルギーを指す。本書で再エネと呼ぶ場合も同様である。

4) Google のウェブサイト〈https://sustainability.google/intl/ja/progress/energy/（最終閲覧日：2023 年 3 月 31 日）〉を参照。なお，Google のような企業が自ら発電して 100％となるのではなく，自家発電と再生可能エネ由来の電力の「選択的購入」とを組み合わせて達成しようとしている点に注意されたい。

2 カーボンニュートラルをめぐる論点

◉パリ協定と脱炭素社会

　「気候危機」とは，気候変動に起因する農業生産の不振や難民，内戦などを通じて人類の生活の基盤も掘り崩される危機の時代であることを表現した言葉である。若い世代には，グレタ・トゥーンベリ（Greta Ernman Thunberg）が訴えている内容だと紹介したほうが，理解しやすいかもしれない。いまや，気候危機への対応は国際政治の最重要アジェンダの一つになっている。それが，気候変動対策の国際枠組みであるパリ協定の発効（2016 年 11 月）を受けてスタートした，パリ協定下での「脱炭素社会」への模索と各国の対応である。

　パリ協定は産業革命以前と比較した世界の平均気温の上昇を，2℃を十分に下回る水準に抑制し，できれば 1.5℃ 未満にするという努力目標を設定している[6]。今世紀中の排出実質ゼロ，脱炭素化が明確な長期目標となっている。また 5 年ごとの目標引き上げメカニズムが組み込まれている。そのため 2 年ごとに各国の目標とその進捗について検証することになっている。その後，2018 年 10 月に出された気候変動に関する政府間パネル（IPCC）の特別報告書の公表もあり，2℃では甘く，より厳しい 1.5℃ 目標を目指すべきという意見が強くなった。特別報告書によれば，気温上昇を 1.5℃ 未満に抑える

---

5) RE100，SBT いずれも 2021 年 10 月 26 日時点の数値である。これらの動向については，グリーン・バリューチェーンプラットフォームのウェブサイト〈https://www.env.go.jp/earth/ondanka/supply_chain/gvc/（最終閲覧日：2023 年 3 月 31 日）〉にまとめられている。

6) 「気候危機」については，山本（2020）を参照。関連して，世界の地方自治体が独自に「気候非常事態宣言」（Climate Emergency Declaration：CED）を宣言し，地域や団体レベルの脱炭素化を模索している点が注目される。日本でも長崎県壱岐市，神奈川県鎌倉市などが先駆的だったが，2021 年に入ってから宣言を出す自治体が急増しており，取り組みの広がりが確認できる。詳しくは，CED の動向をまとめたウェブサイト〈https://www.cedamia.org/global/（最終閲覧日：2023 年 3 月 31 日）〉を参照。

には，CO_2排出量を 2010 年比で 2030 年までに約 45%（40-60%）削減，世界の温室効果ガス排出量を 2010 年比で 2030 年までに 40–50%削減しなければならない[7]。

こうした削減スケジュール実現のためには，既存の社会経済システムの修正では事足りない。エネルギーを中心としたインフラ，製造業や金融といった各種産業など，経済そして社会の大規模かつ本質的な変革が不可欠である。そうした文脈で登場してきているのが，カーボンニュートラル（炭素排出ゼロ）をめぐる議論である。2021 年4 月現在，125 カ国・1 地域が，2050 年までにカーボンニュートラルを実現することを表明している。これらの国における CO_2 排出量が世界全体に占める割合は 37.7%にのぼる[8]。

◉各国のカーボンニュートラルの表明状況

各国のカーボンニュートラルの表明状況をまとめておこう。日本，EU，英国はそれぞれ 2030 年までの削減目標と 2050 年までのカーボンニュートラルの達成を宣言している。日本では 2020 年 10 月に政府がカーボンニュートラルの実現を目指すことを表明し，2021 年4 月には 2030 年度において 2013 年度比 46%削減（さらに 50%の削減に挑戦する）の目標が示された。アメリカはトランプ政権からバイデン政権になったことで 2021 年 1 月にパリ協定に復帰し，大統領公約として 2050 年のカーボンニュートラルを宣言している。世界最大の CO_2 排出国である中国は，2060 年までにカーボンニュートラルを実現することを，2020 年 9 月の国連総会で習主席が表明している。なお，アメリカと中国だけで，世界の温室効果ガス排出量の約 335

7）2021 年 8 月に IPCC の第 6 次評価報告書と政策決定者向けの要約が発表されている。

8）以下のカーボン・ニュートラルに関する動向や数値については，経済産業省資源エネルギー庁（2021）の第 1 部第 2 章を参照した。日本のカーボンニュートラル政策，エネルギー基本計画の概要と問題点については，高村（2021），大島（2021a）に詳しい。

億トン（2018年）のうち約45％を占めている（日本は3％弱）。こうした
巨大排出国の動向はもちろんのこと，現段階では未宣言であるイン
ドやロシアなどの巨大人口を有する国がカーボンニュートラルを達
成できるかどうかに，世界が直面する気候危機の帰趨は左右される。

　また，こうしたカーボンニュートラルへの取り組みは，環境分
野への巨額な投資を生み出している。たとえばEUは，10年間に
官民で1兆ユーロ（約145兆円）の「グリーンディール」と呼ばれる
投資計画を準備している。アメリカは，インフラ・研究開発への投
資として8年間で2兆ドル（約266兆円）を準備している。これらは，
大恐慌からの経済回復策であったニューディール政策の現代版であ
る。そして，環境保全向けのインフラや技術への投資を通じて雇用
を新たに生み出すだけでなく，雇用の質を改善しようとするもので
もある。グリーン・ニューディール政策が，雇用量を問題としてき
た旧来のケインズ政策を超えて，持続可能な開発目標（SDGs）の第
8のゴールである「経済成長と雇用」に掲げられている「人々の完
全かつ生産的な雇用と働きがいのある人間らしい雇用（ディーセント・
ワーク）」を促進できるかが問われている。

3　日本のカーボンニュートラル政策

●グリーン成長戦略

　政府の目標設定を受け，日本では2020年12月に「2050年カー
ボンニュートラルに伴うグリーン成長戦略」が公表された。この
「グリーン成長戦略」では，2050年カーボンニュートラルに向けた
道筋として，電力部門では脱炭素電力の拡大，産業・民生・運輸（非
電力）部門（燃料利用・熱利用）においては，脱炭素電源による電化，水素，
メタネーション，合成燃料などの利用を通じた脱炭素化を進めるこ
とが必要であるとされている。こうした電源や燃料の転換を行って
もなお排出される CO_2 については，植林やDACCS（Direct Air Carbon
Capture and Storage：炭素直接大気回収・貯留）などを用いて，実質ゼロを実

現していくこととしている。

　日本の温室効果ガス排出の８割はエネルギー由来であり，エネルギーそれ自体の脱炭素化，すなわち再エネの普及がきわめて重要となる。2018年に発表された第５次エネルギー基本計画では，2030年のエネルギー源別の電源構成を，火力全体で56%程度，原子力が20〜22%程度，再エネ（水力含む）は22〜24%程度と定めていた。しかし，同構成における再エネの水準は2020年で19.8%あり，第５次計画での目標は現段階でほぼ達成されている。その意味で，22〜24%という再エネ導入目標は十分なものではなかった。その後，2021年に発表された第６次エネルギー基本計画では，同構成に占める再エネの割合を36〜38%程度に引きあげている。こうした計画間の目標導入量の増加（22〜24%→36%〜38%）は，政策の成果というよりも，あまりにも控えめな政府の計画が，再エネの発電コスト低下や需要の増加という現実と乖離をきたしただけのように見える。

　そして，2050年の目標においては，排出＋吸収でのカーボンニュートラルが謳われている。つまり，科学技術による炭素固定や

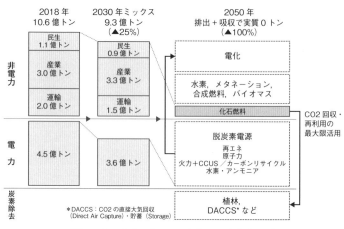

図8-1　2050年カーボンニュートラルへの転換イメージ
出所：資源エネルギー庁（2021：47）より転載
注：数値はエネルギー起源CO_2

森林吸収源などの活用ありきでカーボンニュートラルの達成を目指す中身になっている。ここでは，脱炭素化されたエネルギーそれ自体を追求するのではなく，排出された炭素を回収・固定により処理することが重視されている。また，脱炭素電源としての火力＋CCUS (Carbon dioxide Capture, Utilization and Storage)／カーボンリサイクル，そして水素やアンモニアを用いた発電など，現時点で実用化されていない技術が明確に位置付いている[9]。結果として，現段階で確たる脱炭素エネルギーである再エネの推進よりも，化石燃料や原子力発電への維持・回帰，そして不確実性のある技術の利用に頼る方向性が鮮明になっていることは問題である。

●再エネをめぐる問題

　再エネでの調達が高コストなシステムを継続することになれば，経済にとっては国際競争上の大きな足かせとなる。上でも紹介したように，企業，そして自治体のエネルギー利用においても，再エネでの調達需要がますます高まっていくことが予想される。しかし，日本のエネルギー市場がこうした需要を満たせなければ，企業は日本でのビジネスに魅力を感じなくなるだろう。また，日本にはエネルギー関連産業を政策的に育成するという観点が決定的に欠如しており，産業の国際競争力低下につながっている。一例として，太陽光パネルの日本企業の国内シェアは，87.3％（2010年）から17.1％（2019年）に急落しており，再エネ関連産業を政策的に育成した中国に圧倒されていることを指摘しておきたい[10]。

---

9) 設備を用いてCO_2を回収し地中に貯留する仕組みをCCS（Carbon dioxide Capture and Storage）と呼ぶが，CCUSはそれにU（Utilization）を加え，分離・貯留したCO_2を利用しようとするものである。CO_2はその直接利用に加えて，カーボンリサイクル（回収した炭素を化学品や燃料などに転用して利用する仕組み）も想定されている。

10) 資源エネルギー庁「エネルギー基本計画の見直しに向けて」（令和2年10月13日）を参照。

　一般的に再エネは，需要に合わせて集中型エネルギーから供給する従来の「一方向型」ではなく，小規模な主体によって分散型でエネルギーを供給する「双方向型」を特徴とするエネルギーである。日本においても，地域の特性を活かした小規模分散型・双方向型の再エネの取り組みが登場している一方で，再エネを普及させるための固定価格買取制度（FIT）の受益者が都市の資本や既存の電力関連資本であるケースも少なくない。たとえば，日本で先行して普及が進んだメガソーラーの多くは地方の土地を用いて発電されているが，事業主体は東京の大資本に担われている。また，木質バイオマス発電も，主に東南アジアから輸入される，環境負荷が高いことで有名なパーム油生産からもたらされるPKS（パーム椰子殻）を用いて大規模に行われている。

　その背景には，エネルギー基本計画における原子力・化石燃料重視路線に規定される再エネ導入の目標値の低さと，関連するさまざまな制度的要因（再エネの発電容量の制約，買取拒否，接続拒否など）があり，日本の再エネの発電コストを高める要因ともなっている[11]。第6次エネルギー基本計画では，再エネに関して「最大限の導入」「実用段階にある脱炭素電源」と記述されるなど，今までとは異なるポジティブな書きぶりになっており，目標導入量のみならずさまざまな制度上の問題点の改善が期待される。しかしながら，日本の再エネ政策が抱えてきた問題点を克服する方向性が具体化されているとは言い難い。一刻も早くエネルギー・システムそのものの脱炭素化を進めるとともに，消費者と地域が主導するエネルギー転換を邪魔するのではなく，後押しするような公共政策への転換が必要である[12]。

---

11) 脱炭素化と再エネを中心としたエネルギーの問題については，大島（2021b）に詳しい。

12) 木質バイオマス発電を中心に，日本の再エネ政策とその構造的な問題（「炭素魅了型政治経済構造」）を検討しているものとしては，吉弘・山川（2023）が挙げられる。

▎4　新しい社会・経済のビジョン：「廃棄制約」の時代

　まず，植田和弘による「廃棄制約」の時代認識に注目したい。「廃棄制約とはすなわち，廃棄することが技術的・社会的に難しくなることによって，生産や消費，地域での生活が困難になる」(植田, 2013：100) 状況を指すとしたうえで，無限の廃棄を前提にしてきた現代社会に対し，以下のように警鐘を鳴らしている。

　　廃棄物を大量に排出する社会，すなわち大量廃棄社会は，一面では経済成長の結果でもあるけれども，同時に経済成長の必要条件のように考えられてきた。大量廃棄社会は大量に廃棄物が排出されることが容認されている社会であるから，大量の廃棄物を排出する使い捨て型の生産や消費が制約なく行われてしまう。つまり，大量生産・大量消費の結果として大量廃棄が生じると考えられがちであり，それはそのとおりの面もあるが，大量廃棄が容認される──すなわち大量廃棄を社会が容認している──から，使い捨て型の大量生産・大量消費が可能になったという側面も見落としてはならない。したがって，廃棄制約の時代における廃棄物問題解決の出発点は，大量廃棄は容認されないという明確なシグナルを社会が発することであろう。(植田, 2013：102-103)

　化石燃料を燃やして排出される CO_2 も廃棄物である。廃棄制約の観点からも，エネルギーの生産によって大量の温室効果ガスを排出しつづけるシステムは変わらなければならない。脱炭素化が進む現代経済においては，再エネを安定的かつ安価に購入できるインフラの存在が大きな役割を果たす。いま，インフラとしてのエネルギー・システムは，その前提が覆されようとしている。その前提とは，資本主義の拡大の起点となった産業革命から150年近く続いてきた化石燃料由来のエネルギー利用であり，今後はその利用が継続

できなくなる可能性が高い。その理由は，化石燃料が枯渇し採掘できなくなるからではなく，温室効果ガスを排出する化石燃料が燃やせなくなるからである。

脱炭素時代のエネルギー・システムでは，石炭，石油といった化石燃料を用いた火力発電所はその規模が縮小し，非化石燃料であるウランを用いた原子力発電や再エネの占める割合が増加することになる。ただし原子力発電は，事故のリスクはもちろんのこと，その廃棄物をめぐる問題にも答えなくてはならない。こうした意味で，原子力発電のコストは莫大であり，その非持続可能性は明らかになっている（大島, 2011）。また，日本のカーボンニュートラル政策で切り札とされている CC (U) S のような方法について，植田は以下のような問題点を指摘する。

> 大量に排出される CO_2 を CCS で回収すれば，一見すると大気中への CO_2 排出量を減らすことができるけれども，回収された CO_2 は固体状の廃棄物になりその廃棄場所に難渋するのである。[…] 廃棄物はさまざまな形態で地球環境に貯まり続けているのである。廃棄物問題が解決しているとはいえないのはもちろんのこと，解決の方向性すらわれわれは見いだせていない。（植田, 2013：101）

CCS の問題は，自然環境への大量廃棄を前提とする経済から，廃棄それ自体を減じていく経済へと舵を切ることができなければ，環境面での持続可能性が重視される時代の経済システムとしては不

---

13) 環境 NGO「Climate Action Network（CAN）」が，気候変動対策に対して逆行している言動を行った国に与える賞。日本は COP25（2019 年，マドリード）から，COP26（2021 年，グラスゴー），COP27（2022 年，シャルム・エル・シェイク）と 3 回連続の受賞となる。

14) この点に関連して，山川（2021）での議論も参照されたい。

十分であることを端的に示している。

5 20世紀パラダイムからの転換を

　プラットフォーム資本主義がデジタル技術に主導される経済・社会の転換と不可分なものであるように，脱炭素社会の実現には，単に炭素を大気中に排出しないということを超え，雇用の質やインフラのあり方などを含めた，経済・社会の転換が必要である。

　しかし，日本のカーボンニュートラル政策は，20世紀のパラダイムを温存しながら進行している雰囲気が根強く残っているように思われる。その一端は，国連気候変動枠組条約締約国会議 (COP) において日本が世界最大級の化石燃料への公的支援を続け，火力発電の維持に固執しているとして，NGO から化石賞 [13] という不名誉を受けたことにも表れている。このままでは，日本の経済・社会の大規模な転換は期待できず，環境後進国となれば日本の没落は免れないだろう。

　火力発電のように，原料を外国から大量に輸入し，一箇所に集めて大量生産し，そして大量に消費・廃棄するというやり方は，20世紀の世界経済の基本モードであった。同様のメカニズムは，世界中で多くの環境問題を引き起こしてきたのである。21世紀，そしてその後の世界の持続可能性を達成するには，20世紀的な大量生産，大量輸送，大量消費，大量廃棄の仕組み，そしてそれらを支える経済思想そのものの問い直しが求められている [14]。

●ディスカッションのために
① PC やスマホなど端末の生産に関係した資源・環境問題について，どのような問題があるのか，さらに具体的に調べてみよう。そして，自分たちの消費行動と環境問題の関係について考えてみよう。
②世界各国のグリーンニューディール政策について，財源，投資先，経済学的な根拠などを比較しながら，調べてみよう。そして，それぞれの特徴や違いを議論してみよう。
③大量生産，大量輸送，大量消費，大量廃棄という 20 世紀の支配的な経済のあり方を変えるとしたら，どこをどのように変えていけるか。変革の方向性について議論してみよう。

【引用・参考文献】
植田和弘（2013）．『緑のエネルギー原論』岩波書店
大島堅一（2011）．『原発のコスト——エネルギー転換への視点』岩波書店
大島堅一（2021a）．「第 6 次エネルギー基本計画案の提示を受けて」『環境と公害』51(2): 8-13.
大島堅一［編著］（2021b）．『炭素排出ゼロ時代の地域分散型エネルギーシステム』日本評論社
資源エネルギー庁（2021）．『エネルギー白書 2021』
高村ゆかり（2021）．「カーボンニュートラルに向けた日本の気候変動・エネルギー政策の課題」『環境と公害』51(2): 2-7.
諸富徹（2020）．『資本主義の新しい形』岩波書店
山川俊和（2021）．「持続可能性と政治経済学——自然環境をめぐる論点を中心に」『季刊経済理論』58(3): 19-30.
山川俊和（2023）．「SDGs と環境経済政策——脱炭素化，エネルギー転換，世界経済」『季刊経済理論』60(1)：21-31.
山本良一（2020）．『気候危機』岩波書店
吉田文和（2017）．『スマートフォンの環境経済学』日本評論社
吉弘憲介・山川俊和（2023）．「再生可能エネルギー施設立地の政治経済学——日本の木質バイオマス発電を中心に」『季刊経済研究』41(1-4): 49-63.

Chapter 09

プラットフォーム協同組合
市民主体のデジタル・プラットフォーム経済に向けて

中野 理

Key Words：協同組合／協同組合の「原則」と「価値」／プラットフォーム協同組合／デジタル・プラットフォームと独占／「共益」と「公益」

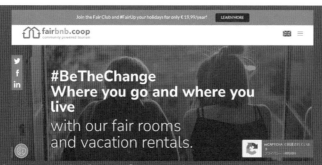

● Fairbnb.coop のウェブサイト * 「Fairbnb.coop」が Airbnb に対抗する民泊マッチングサービスの協同組合であることは名称からも容易に理解されるだろう。2016 年からベネチア・ボローニャ・アムステルダムでサービスを開始し，現在ではイタリア・オランダ・スペイン・ドイツ・フランスなどの主要な観光都市に広がっている。(☞本章 132 頁)

● Up and Go のウェブサイト ** 「Up and Go」はニューヨークのハウスクリーニング労働者（南米などからの中高年移民女性が大半を占める）により協同組合方式で運営されている。2017 年からハウスクリーニング労働者と顧客をオンラインで繋ぐマッチングサービスの提供を開始。営利企業の同業他社の場合は 20％〜 50％の仲介手数料を取るのに対して，たった 5％の手数料で価格交渉を含めた契約に関わる業務を一元的に引き受けている。これによりハウスクリーニング労働者は契約などに関わる煩雑な業務から解放され，収入も大幅に増え，パワハラ・セクハラなど顧客とのトラブルも大きく減った。(☞本章 131 頁)

*https://fairbnb.coop/（最終閲覧日：2023 年 4 月 1 日）
**https://www.upandgo.coop/（最終閲覧日：2023 年 4 月 1 日）

1　プラットフォーム資本主義の問題点とは何か

　現在，巨大多国籍プラットフォーム企業がさまざまな問題を引き起こしていることは周知のとおりである。Google や Facebook は広告プラットフォーム（☞本書8頁）とも呼ばれるようにわたしたちユーザーの個人データを搾りとり，広告主に販売している。彼らは「データの所有権はユーザーに帰属する」と主張するが，長大かつわかりにくいサービス同意書（利用規約☞本書158-159頁）はデータに対する広範な権利を企業側に認めており，ユーザーの所有権は有名無実化している。わたしたちユーザーはサービスを享受する顧客のつもりでいるかもしれないが，企業側からみれば日々従順にデータを生産し，提供しつづけてくれる勤勉な「労働者」であり，「商品」でもある（シュナイダー, 2020：215-216）。

　本書第3章で見てきたとおり，Uber に代表されるようにインターネット経由で単発の仕事を請け負う「ギグ・エコノミー」に従事する人びと，つまり「プラットフォーム労働者」も増えている。この「ギグ・ワーカー」は労働者ではなく個人事業主とされるため，労働者としての権利や保障（労災・失業保険・社会保険等）を与えられない。Uber や Airbnb はしばしば「シェアリング・エコノミー」と呼ばれ，新しい経済のあり方として賞賛されたりもするが，それは誤解でなければ欺瞞である。人びとが車や部屋をシェアすることにより生まれた利益は当人たちにはシェアされない。「労働者」がほとんどのリスクを負わされる一方で，企業は莫大な利益をかすめとる。

　とりわけ巨大多国籍プラットフォーム企業による独占は大きな問題である。プラットフォーム事業は本質的に「ネットワーク効果」（☞本書12-13頁）に依存している。より多くのユーザーがプラットフォームを利用すればするほど，そのプラットフォームの価値は高まる。SNS を始めようとする人にとって，約30億人に利用されている Facebook は，サービス内容の良し悪しを問わず，それが多くのユーザーにすでに利用されているという理由だけで最有力の選

択肢とならざるを得ない。世界の検索エンジン市場で圧倒的なシェアを持つ Google は，データの独占によりサービスの質を向上させ，それがさらなるユーザーの増加とデータの集中を促す。したがってプラットフォーム事業は独占に向かう傾向がとくに強く，「勝者総取り」が事業の生命線として宿命づけられている（スルニチェック，2021）。

　この独占の結果として人びとはサービスを取捨選択する自由を奪われ，情報の真偽（いわゆる「フェイクニュース」）を検証できなくなり，あらゆる個人データを搾りとられるだけでなく，サービスなどの価格も一方的に決められてしまう社会がすぐそこまで来ている。さらにデジタル・プラットフォームの独占に基づく「監視資本主義」（ショシャナ・ズボフ）が AI などの破壊的イノベーションおよび「権威主義国家」と結びつくことにより，人びとの生活総体を支配する「デジタル・ディストピア」（ジャン・ティロール）すら到来するかもしれない。

　これらの諸問題についてはすでにさまざまな批判が行われている。世界各地で市民の「データ主権」保護を求める運動が展開され，プラットフォーム企業による個人データの販売を規制する国も増えてきた。個人事業主として無保障・無権利の状態に晒されているギグ・ワーカーたちは世界各国でプラットフォーム企業を相手に訴訟を起こし，「労働者」（従業員）としての身分保障を認める判決を勝ちとるとともに，労働条件の改善を求める団体交渉や労働組合の組織化も始めている。巨大多国籍プラットフォーム企業による独占に対しては EU や米国，そして日本でも独占禁止法の適用と企業分割が検討されつつある。とりわけ市民や労働者が自らデジタル・プラットフォーム事業を立ち上げ，共同で所有し，民主的に運営することにより，プラットフォーム資本主義に対抗して市民主体のデジタル・プラットフォーム経済の構築を目指す新しい取り組みが始まっている。これこそ「プラットフォーム協同組合」に他ならない。

2 「協同組合」を知っていますか？

　協同組合とは，人びとが組合員として出資し，事業を立ち上げ，それを利用し，運営にも民主的に携わる組織である。たとえば農業協同組合（農協）は農業者が組合員として出資し，肥料・農機具の共同購入や農作物の共同販売などの事業を行い，事業運営にも平等に携わる協同組合である。人びとが出資して事業を立ち上げ，その事業で共に働き，民主的に経営も行う労働者協同組合も近年注目を集めている（日本では2020年12月に労働者協同組合法が新たに制定された）。こうした生産者や労働者を組合員とする協同組合に対して，消費者を組合員とし，食品や生活必需品などの共同購入を行うのが消費生活協同組合（生協）である。他にも漁業者を組合員とする漁業協同組合，森林所有者や林業従事者により構成される森林組合，医療・金融・共済（保険）などのサービスを提供する協同組合もあり，その事業分野は多岐にわたる。1895年に設立された国際協同組合同盟（ICA）には2021年時点で，日本を含む112カ国から318の協同組合組織が加盟し，組合員総数は10億人（世界総人口の約12%）を超える。協同組合が生み出す年間事業高の総計は約240兆円に達し，約2億8,000万人もの雇用（世界総雇用の約10%）も創出している[1]。

　このように世界に広がる協同組合は，ICAが定める次の七つの「原則」に則って運営されている。①性的・人種的・政治的・宗教的な相違にかかわらず誰でも組合員になれること。②組合員は出資額

---

1) データは2021年9月時点，事業高は世界で上位300の協同組合の事業高を総計したもの〈https://www.ica.coop/en/cooperatives/facts-and-figures（最終閲覧日：2023年4月1日）〉。ちなみに近代的協同組合の起源は19世紀中頃に遡る。1844年，イギリスの小都市ロッチデールで28人の職工が良質かつ安価な食品を提供するために生活協同組合を設立。この「ロッチデール公正先駆者組合」が近代的協同組合の嚆矢といわれている。近代的協同組合の以前にも，さまざまな協同組織や協同金融の仕組みが日本を含む世界各地に存在してきた。

の多寡にかかわらず「一人一票」の議決権を持ち，民主的に意思決定に参加すること。③組合員は公平に出資し，その資本を共有財産とし，剰余は公平に分配すること。④組合員による自治と自律を保つこと。⑤教育・研修・広報活動を行うこと。⑥他の協同組合と連携すること。そして⑦地域社会の持続可能な発展に貢献すること[2]。

　これらの「原則」を掲げる協同組合が，株式会社と本質的に異なることは明白だろう。株式会社が資本の結合により成り立ち，「一株一票」で議決権を付与され，利潤の最大化を目的とするのに対し，協同組合は「ひと」（組合員）の結合体であり，「一人一票」の議決権の行使を通じて民主的に意思決定が行われ，組合員のニーズや「共益」に資することを目的とする。さらに協同組合は「公正」「連帯」「社会的責任」「他者への配慮」などの「倫理的価値」を遵守する[3]。民主主義にも倫理性にも頓着せずに利潤のみを追求する株式会社に対して，協同組合は民主主義と「倫理的価値」に基づいて経済活動を行うことを特徴としている。

3　プラットフォーム協同組合というアイデア

　「プラットフォーム協同組合」はウェブサイトやモバイルアプリなどを活用して財やサービス，情報などを提供する協同組合である。デジタル・プラットフォームを共同で所有し，民主的なルールに基づいて運営し，生じた利益を本来的に得るべき人びと，すなわち財・サービス・情報等を交換するユーザー＝組合員に適正に分配することを目的とする。

　そもそも協同組合とプラットフォーム事業は重なり合う部分が少なくない。上述のように協同組合は誰にでも開かれた組織だが，プ

2）https://www.ica.coop/en/cooperatives/cooperative-identity（最終閲覧日：2023年4月1日）
3）同上。

ラットフォーム事業も誰でも財やサービスの提供者ないしは利用者になれることを特徴とする。また協同組合が掲げる「自治」は，巨大多国籍プラットフォーム企業が世界各地でさまざまな規制を回避する際に持ち出す主張に似ている。さらにプラットフォーム企業も情報産業として教育・研修・広報を重視するし，さまざまな規格策定団体を通じて互いに「協同」（結託）もしている（シュナイダー, 2020：220-221）。より本質的にいえば，協同組合それ自体を一人ひとりの組合員の経済活動やコミュニケーションを媒介する「プラットフォーム」と捉えることができるだろう。

しかし他方で，協同組合とプラットフォーム企業は所有とガバナンス，利益配分においてまったく異なる。協同組合が組合員により所有され，「一人一票」の議決権により民主的に運営されるのに対し，プラットフォーム企業は株主により所有され，ユーザーが運営に参画することはできない。前者の運営における民主性が運営の透明性と不可分であるのに対し，後者はビジネスの基本的な仕組み（たとえば個人データを独占・販売する仕組み）がユーザーにとって不透明であり，その不透明性がビジネスモデルの必須条件の一つとすらなっている。さらに協同組合が利益を（一定に制限された割合で）組合員に配分するのに対し，プラットフォーム企業の莫大な利益は株主に独占され，ユーザーには一切配分されない。

かくしてプラットフォーム協同組合は，協同組合とプラットフォーム事業の類似点を踏まえつつ，所有・ガバナンス・利益分配における主権を経済活動やコミュニケーションの主体者（組合員＝ユーザー）に還元するものである。ICA は早い時期からこのプラットフォーム協同組合の可能性に着目してきたし，国際労働機関（ILO）もギグ・エコノミーや新自由主義的労働政策の拡大による労働環境の劣化に対してプラットフォーム協同組合（や労働者協同組合）が労働者の保護に果たす役割を高く評価している（国際労働機関（ILO）, 2017：3）。とりわけコロナ禍によりテレワークやオンライン・ショッピング，ウェブ会議などが爆発的に増え，巨大多国籍プラットフォーム企業

の利益も膨張しつづけている現状において，その取り組みに一層の注目が集まっている。

▋ 4　プラットフォーム協同組合の事例

　プラットフォーム協同組合は 2019 年の時点で 26 カ国，96 の都市で約 350 の関連プロジェクトが展開されている（日本協同組合連携機構（JCA），2020：10）。たとえば 2015 年，米国・コロラド州で約 800 名のタクシー運転手が労働組合の支援のもとに「Green Taxi Cooperative」を設立した。37 カ国からの移民労働者を含む運転手たちは各自2,000 ドルを出資し，独自の配車アプリを開発して Uber に対抗し，当地のタクシー市場で約 3 分の 1 のシェアを維持している[4]。

　「UP and GO」はニューヨークのハウスクリーニング労働者（南米などからの中高年移民女性が大半を占める）により協同組合方式で運営されている。2017 年からハウスクリーニング労働者と顧客をオンラインで繋げるマッチングサービスの提供を開始。営利企業の同業他社の場合は 20％～ 50％の仲介手数料を取るのに対して，たった 5％の手数料で価格交渉を含めた契約に関わる業務を一元的に引き受けている。これによりハウスクリーニング労働者は契約などに関わる煩雑な業務から解放され，収入も大幅に増え，パワハラ・セクハラなど顧客とのトラブルも大きく減った。米国社会でもっとも弱い立場に置かれがちな中高年移民女性を支援する取り組みとして注目を集めている[5]。

　1998 年にベルギーで設立された「Smart」もフリーランスのアーティストやクリエーターと顧客をオンラインで繋ぐマッチングサービスを提供している。そのサービスには情報提供から研修，法律

4）https://www.thenation.com/article/archive/denver-taxi-drivers-are-turning-ubers-disruption-on-its-head/（最終閲覧日：2023 年 4 月 1 日）

5）https://www.upandgo.coop/（最終閲覧日：2023 年 4 月 1 日）

相談，オンライン請求書ツールなどが含まれる。さらに Smart は，フリーランスの労働者を組合員として雇用したうえで契約先へ送り出すため，組合員には失業保険をはじめとする各種の労働者保護が適用される。かくして Smart は，取引先に対して弱い立場に置かれがちなフリーランス労働者を保護する取り組みとして急速に成長し，現在では EU 内の 9 カ国・40 以上の都市で約 35,000 人の組合員にサービスを提供しており，オーストリアでは市民権を得るための一助とさえなっている[6]。

2013 年にカナダ・ビクトリア州で設立された「Stocksy United」もよく知られている。これはオンラインで写真や映像を販売するプラットフォーム協同組合で，世界 47 カ国・約 1000 名の写真家・映像作家に公正な対価を支払いつつ，その作品を手頃な価格で販売し，2018 年には 1,300 万ドルを超える売上を記録した。アーティストや従業員によるマルチステークホルダー協同組合（財・サービスの提供者や利用者など，さまざまな「ステークホルダー」が組合員となれる協同組合）として運営されている[7]。

「Resonate」は音楽ストリーミング配信の協同組合である。楽曲を提供するミュージシャン，リスナー，開発者および従業員が共同で所有するマルチステークホルダー協同組合で，議決権をミュージシャンに 45％，リスナーに 35％，開発者および従業員に 20％ずつ配分している。「Spotify」などの競合他社に比して，ミュージシャンに約 2.5 倍の楽曲料を支払っている[8]。

「Fairbnb.coop」が Airbnb に対抗する民泊マッチングサービスの協同組合であることは名称からも容易に理解されるだろう。2016 年からベネチア・ボローニャ・アムステルダムでサービスを開始し，現在ではイタリア・オランダ・スペイン・ドイツ・フランス

---

6) https://smart.coop/（2023 年 4 月現在，アクセス不可），日本協同組合連携機構（JCA）（2020：11）。

7) 日本協同組合連携機構（JCA）（2020：11），シュナイダー（2020：223–224）。

8) https://resonate.is/（最終閲覧日：2023 年 4 月 1 日）

などの主要な観光都市に広がっている。部屋の貸し手と旅行者を組合員とし，15％の仲介手数料の半分を運営費にあて，残りの半分は現地コミュニティを支援するプロジェクトに使われる。いわゆる「オーバーツーリズム」や観光地化・再開発による地域住民の排除（ジェントリフィケーション）に対抗し，「コミュニティを支援する観光」（Community Powered Tourism）を掲げている[9]。

2015 年にスイスで設立された「MIDATA」は，市民が組合員となり，自身の医療情報をウェブ上に安全に保管し，スマートフォンのアプリを通じて簡単に医師に提出できるオンラインデータベースを提供している。運営費は組合員の許可を得たうえで医療情報を医学研究に提供することでまかなわれている。組合員（市民）が自らの医療情報について「データ主権」を発揮するとともに，医学研究に貢献することも可能にしている[10]。2018 年にイギリスで設立された「Equal Care Coop」は，高齢者介護のサービス利用者とケアワーカーをオンラインでつなぐマッチングサービスを提供。地域コミュニティのなかで利用者，有償のケアワーカー，無償のボランティアを組織化し，コミュニティ全体で利用者を支える柔軟なシステムの構築を目指している。利用者，ケアワーカー（ボランティア含む），利用者の家族や友人，さらに「投資組合員」からなるマルチステークホルダー協同組合であり，4 者間で議決権の配分を調整しながら運営されている[11]。

▍5 プラットフォーム協同組合の可能性とその課題

こうしたプラットフォーム協同組合はまだ全体数こそ少ないが，世界各地で着実に増加しつつあり，ますます注目を集めている。Green Taxi Cooperative，UP and GO，Smart，Stocksy United な

9）https://fairbnb.coop/how-it-works/（最終閲覧日：2023 年 4 月 1 日）
10）https://www.midata.coop/en/home/（最終閲覧日：2023 年 4 月 1 日）
11）https://www.equalcare.coop/（最終閲覧日：2023 年 4 月 1 日）

どは労働者や生産者を中心とするプラットフォーム協同組合であり，労働者協同組合の一つの類型である。これらはデジタル・プラットフォームの活用を通じて公正な労働対価の支払い，労働者保護の適用，雇用の安定性の確保（倒産率や離職率の低さ）などを実現し，ギグ・エコノミーや新自由主義的労働政策の拡大による労働環境の劣化から労働者を守ることを目的としている。

　さらにプラットフォーム協同組合のポテンシャルを十分に発揮するためには，労働者や生産者だけでなく消費者なども組合員とするマルチステークホルダー協同組合として運営される必要がある。Resonate はミュージシャンに公正な対価を支払うとともに，リスナーには高品質の楽曲を適正な価格で提供し，異なるカテゴリーの組合員に同時に貢献している。Fairbnb.coop や Equal Care Coop もマルチステークホルダー協同組合として運営されていることはすでに述べた。たとえば Green Taxi Cooperative のようなプラットフォーム協同組合も，労働者（運転手）だけにとどまらず，消費者（乗客）も同じ組合員として組織化することができれば，営利企業の同業他社に対して優位性を持つことができるだろう。プラットフォーム協同組合は財やサービスの送り手（生産者・労働者）と受け手（消費者）の双方を組合員とし，両者が共に参画する民主的なガバナンスを実現し，両者に金銭的利益やさまざまなメリットを公平にもたらすマルチステークホルダー型において，そのポテンシャルを最大限に発揮し，膨張しつづけるプラットフォーム資本主義に対抗する市民主体のオルタナティブとなるはずである。

　他方で，プラットフォーム協同組合にはいくつかの課題がすでに見出されることも事実である。たとえばプラットフォーム事業がネットワーク効果に依存し，独占に向かう傾向が強いことはすでに述べた。それは「勝者総取り」を生命線とし，（少なくとも理論上は）「世界のすべての人びとをユーザーにする」という志向性を持つ[12]。プラットフォーム協同組合も，この独占に向かうプラットフォーム事業の本質的傾向から免れ得ない。しかし，それは組合員によって

出 版 案 内

[政治・経済・社会]

ナカニシヤ出版

〒606-8161　京都市左京区一乗寺木ノ本町15　　tel.075-723-0111
ホームページ　http://www.nakanishiya.co.jp/　　fax.075-723-0095
●表示は**本体価格**です。ご注文は最寄りの書店へお願いします。

生活史論集

岸政彦 編　人生の語りを聞く——10人の社会学者による「生活史の語り
に基づく論文」を収録。社会学的質的調査の最前線。　　四六判　3600円

現代制度経済学講義

藤田真哉・北川亘太・宇仁宏幸　目まぐるしく変化する日本経済、世界
経済の動向を、制度の観点からわかりやすく解説。　　**A 5判**　3200円

東京の批判地誌学

荒又美陽＋明治大学地理学教室編　変化のさなかにあるポスト・グロー
バルシティ「東京」のポリティクスを読み解く。　　四六判　3000円

労働法批判

シュピオ／宇城輝人訳　法の地平に労働が姿を現すとき——広大な人間
的営みのなかに「労働」を捉え直し、根底から考察する。四六判　4400円

E・H・カーを読む

佐藤史郎・三牧聖子・清水耕介編　国際政治学者、歴史家、そして外交
官として、多彩な顔をもつE・H・カーの思考の全体像。A 5判　2800円

阪神都市圏の研究

川野英二編　日本の近代化を牽引した「阪神都市圏」。その近代化の過程
と現代における変容を明らかにする、初の総合的研究。A 5判　4200円

ハーバーマスを読む

田村哲樹・加藤哲理編 政治哲学・社会哲学に多大なる影響を与え続けるハーバーマス。その多様かつ壮大な理論体系の全貌。　A5判　3600円

入門 政治学365日

中田晋自・松尾秀哉他 入門講義、基礎ゼミから公務員試験までこの一冊でフォロー！　学生生活の一年に沿って、政治学の基礎を学ぶ。A5判　2300円

熟議民主主義の困難 ―その乗り越え方の政治理論的考察―

田村哲樹 熟議民主主義を阻むものは何か。熟議を阻害する要因を詳細に分析し、熟議民主主義の意義と可能性を擁護する。　A5判　3500円

デモクラシーの擁護 ―再帰化する現代社会で―

宇野重規・田村哲樹・山崎望 現代の困難に立ち向かうための選択肢はデモクラシーしかない。新時代のデモクラット宣言。　四六判　2800円

講義 政治思想と文学

森川輝一・堀田新五郎編 「政治と文学」の関係を再考し、「政治」の自明性を問う。平野啓一郎と小野紀明による特別講義も収録。四六判　4000円

国際政治哲学

小田川大典・五野井郁夫・高橋良輔編 国際的な諸問題を哲学的に考察するための理論と概念装置を網羅した最強のテキスト。A5判　3200円

ポスト・グローバル化と国家の変容

岩崎正洋編 グローバル化は国家のあり方に何をもたらしたのか。「国家のリバイバル」のなかで、今後の展望をうらなう。　四六判　3300円

ポスト・グローバル化と政治のゆくえ

岩崎政洋編 脱国家化と国家化の同時進行、民主主義の揺らぎなど、パンデミック以後の政治のゆくえを考察する。　四六判　3300円

ヨーロッパのデモクラシー ［改訂第2版］

網谷龍介・伊藤武・成廣孝編 欧州29ヵ国の最新の政治動向を紹介。欧州諸国は民主主義をめぐる困難にどう立ち向かうのか。A5判　3600円

ヨーロッパ・デモクラシーの論点

伊藤武・網谷龍介編 ポピュリズムの台頭、EU脱退問題、難民危機――危機と刷新の中の欧州のデモクラシーをテーマ別に解説。A5判　2800円

戦後民主主義の青写真 —ヨーロッパにおける統合とデモクラシー—

網谷龍介・上原良子・中田瑞穂編 大戦後ヨーロッパにおいて、デモクラシーはどのようなものとして構想されていたのか。 A5判 3200円

国民再統合の政治 —福祉国家とリベラル・ナショナリズムの間—

新川敏光著 移民問題の深刻化と排外主義の台頭の中で、福祉国家は新たな国民再統合の必要に迫られている。各国の事例から分析。A5判 3600円

岐路に立つ欧州福祉レジーム —EUは市民の新たな連帯を築けるか？—

福原宏幸・中村健吾・柳原剛司編 新しい社会政策の展開の中で、社会から排除された人々は連帯の輪に入ることができるのか。 A5判 4000円

戦争と戦争のはざまで —E・H・カーと世界大戦—

山中仁美著／佐々木雄太監訳 卓越した思想家E.H.カー。「三人のカー」と言われ難解とされたカーの思考枠組みを読み解く。 A5判 4600円

日本型福祉国家再編の言説政治と官僚制 —家族政策の「少子化対策」化—

西岡晋 1990年代以後、家族政策を拡充してきた日本型福祉国家。この政策変容はどのようにもたらされたのか。 A5判 4000円

日本政治研究事始め —大嶽秀夫オーラル・ヒストリー—

大嶽秀夫著／酒井大輔・宗前清貞編 日本政治の実証研究をリードした「大嶽政治学」の軌跡と全貌を自らが語る。 四六判 3600円

近代日本政治思想史 —荻生徂徠から網野善彦まで—

河野有理編 江戸期国学者たちから1970年代まで、近現代の日本を舞台に繰り広げられた論争を軸に思想史を読み解く。 A5判 4000円

立法学のフロンティア

井上達夫集代表 より良き立法はいかにして可能か。民主社会における立法の意義を問い直し、立法学の再構築を目指す。全3冊 A5判 各3800円

リバタリアニズムを問い直す —右派／左派対立の先へ—

福原明雄 自由主義か平等主義か。右派左派に引き裂かれたリバタリアニズムの議論状況を整理し、自由とは何かを根底から問う。四六判 3500円

ケアへの法哲学 —フェミニズム法理論との対話—

池田弘乃 ユケア概念の政治・法理論上の意義を解きほぐし、ケアという価値に依拠した社会＝「ケア基底的社会」を構想する。四六判 3500円

ロールズを読む

井上彰編　正しい社会のあり方とは。人文社会科学に巨大な影響を与え続けるロールズ正義論の全貌を明らかにする決定版。　A5判　3800円

ウォーミングアップ法学［第2版］

石山文彦・山本紘之・堀川信一編　日本の法制度全般について学ぶための最初の一冊、入門の入門、待望の第2版。　A5判　3000円

法学ダイアリー

森本直子・織原保尚編　日常のよくある身近な事例を日記形式で取り上げ、そこから基本的な法律知識を学ぶ法学入門テキスト。B5判　2000円

憲法判例クロニクル

吉田仁美・渡辺暁彦編　日本国憲法を理解する上で重要な79の判例を厳選。概要、意義、背景、用語を見開きでコンパクトに解説。B5判　2300円

日米の流域管理法制における持続可能性への挑戦 —日米水法の比較法的研究—

松本充郎　洪水による被害を抑制しながら、水資源と流域環境の持続的利用をどのように実現できるのか。　A5判　4500円

人文学宣言

山室信一編　人文系学部の危機、大学の危機が声高に喧伝される時代において、人文・社会科学の存在意義とは何か。　四六判　2200円

資本主義の新たな精神 上・下

ボルタンスキー=シャペロ/三浦直希他訳　新自由主義の核心に迫り、資本主義による破壊に対抗するための批判の再生を構想する。A5判各巻5500円

宇宙倫理学入門 —人工知能はスペース・コロニーの夢を見るか？—

稲葉振一郎　宇宙開発はリベラリズムに修正をもたらすのか。宇宙開発がもたらす哲学的倫理的インパクトについて考察する。四六判　2500円

地元を生きる —沖縄的共同性の社会学—

岸政彦・打越正行・上原健太郎・上間陽子　膨大なフィールドワークから浮かび上がる、さまざまな人びとの「沖縄の人生」。　四六判　3200円

同化と他者化 —戦後沖縄の本土就職者たち—

岸政彦　復帰time、「祖国」への憧れと希望を胸に本土に渡った膨大な数の沖縄の若者たちのその後を、詳細な聞き取りと資料をもとに解明。　四六判　3600円

追放と抵抗のポリティクス ―戦後日本の境界と非正規移民―

高谷幸 非正規移民とは誰か。彼らを合法/不法に分割するものは何か。戦後日本の非正規移民をめぐる追放と抵抗のポリティクス。A5判 3500円

宗教の社会貢献を問い直す ―ホームレス支援の現場から―

白波瀬達也 現代における「宗教の社会参加」をいかにとらえるべきか。ホームレス支援の現場からその現状を問う。 四六判 3500円

戦後日本の宗教者平和運動

大谷栄一 編 戦後日本の宗教界は平和運動に活発に取り組んできた。その軌跡を辿り直し、戦後社会におけるその意義を問う。四六判 3600円

社会運動と若者 ―日常と出来事を往還する政治―

富永京子 社会運動の規範や作法はどのように形成されるのか。若者と運動の特質を出来事についての語りから浮き彫りにする。四六判 2800円

スポーツとナショナリズムの歴史社会学 ―戦前＝戦後日本における天皇制・身体・国民統合―

権学俊 戦前戦後のスポーツイベント・政策の考察から私たちの身体と地続きの権力を問い直す。 A5判 3200円

フェミニスト現象学入門 ―経験から「普通」を問い直す―

稲原美苗・川崎唯史・中澤瞳・宮原優 編 妊娠、月経、ハラスメント、女/男らしさ――この世界に生きるとはどのような経験なのか。A5判 2200円

サイレント・マジョリティとは誰か ―フィールドから学ぶ地域社会学―

川端浩平・安藤丈将 編 地域社会という言葉が覆い隠してしまう私たちの想像力を再び活性化するために。 四六判 2300円

アニメーターはどう働いているのか ―集まって働くフリーランサーたちの労働社会学―

松永伸太朗 なぜ集まって働くのか。制作現場はどのように維持されているのか。綿密な参与観察を通して労働の実態に迫る。 A5判 2800円

骨を接ぐ者 ―柔道整復師ほねつぎ論―

稲川郁子 切らずに治す達人の技はいかに身につくのか。熟達の柔道整復師へのインタビューから解明する教育学的ほねつぎ論。四六判 3000円

概念分析の社会学 2 実践の社会的論理―

酒井泰斗・浦野茂・前田泰樹・中村和生・小宮友根 編 社会生活での多様な実践を編みあげる方法＝概念を分析。 A5判 3200円

遺伝学の知識と病いの語り —遺伝性疾患をこえて生きる—

前田泰樹・西村ユミ　社会学者と看護学者が質的研究から当事者の病いの経験や遺伝学の知識の語りに忠実に迫る。　四六判　2700円

歴史と理論からの社会学入門

木村至聖　100年以上にわたり各々の時代と格闘し、生まれ変わり続けてきた社会学の軌跡を世界史的背景とともに平易に解説。　A5判　2600円

最強の社会調査入門 —これから質的調査をはじめる人のために—

前田拓也・秋谷直矩・朴沙羅・木下衆編　16人の気鋭の社会学者たちによる、面白くてマネしたくなる社会調査の極意。　A5判　2300円

楽しみの技法 —趣味実践の社会学—

秋谷直矩・團康晃・松井広志編　現代における多様な趣味のあり方を、様々な手法を駆使して社会学的に解明。　A5判　2700円

外国人をつくりだす —戦後日本における「密航」と入国管理制度の運用—

朴沙羅　占領期、在日朝鮮人はいかにして「外国人」として登録され、入国管理の対象となったのか。詳細な調査から明らかにする。四六判　3500円

「病者」になることとやめること —米軍統治下沖縄におけるハンセン病療養所をめぐる人々—

鈴木陽子　沖縄でハンセン病を患った人々はどのように生活の場を切り開いてきたのか。沖縄愛楽園で暮らした人々の生活史。四六判　3500円

米軍基地と沖縄地域社会 シリーズ 沖縄の地域自治組織①〈北中部編〉

難波孝志編　沖縄特有のシマの継承、米軍基地の存在に加えて、都市化が進む沖縄地域社会の変動を、住民組織の現実を通し描く。A5判　2600円

国際社会学入門

石井香世子編　移民・難民・無国籍・家族・教育・医療……。国境を越えたグローバルな社会現象をさ様々な切り口から捉える。A5判　2200円

消費と労働の文化社会学 —やりがい搾取以降の「批判」を考える—

永田大輔・松永伸太朗・中村香住編　様々な消費文化と関わる労働を描きだし、外在的な批判を超える「批判」のあり方を考察。A5判　2700円

21世紀の産業・労働社会学 —「働く人間」へのアプローチ—

松永伸太朗・園田薫・中川宗人編　現代の労働の多面性を分析する多様なアプローチを整理し、産業と労働の社会学を再構築。A5判　2800円

アクターネットワーク理論入門 ―「モノ」であふれる世界の記述法―

栗原亘編　ANTとは何か？　なぜ注目されているのか？　カロン、ロー、そしてラトゥールたちは何をしようとしてきたのか？　A5判　2600円

出来事から学ぶカルチュラル・スタディーズ

田中東子・山本敦久・安藤丈将編　身の回りで起きている出来事から文化と権力の関係を捉えるための視座を学べる入門テキスト。A5判　2500円

くらしのなかの看護 ―重い障害のある人に寄り添い続ける―

窪田好恵　重症心身障害児者施設において看護の知はどのように形成されているのか。看護師たちの語りから明らかにする。　A5判　3200円

ケアが生まれる場 ―他者とともに生きる社会のために―

森明子編　ケアはどのような状況で生まれるのか。ケアが生まれる場では何が起こっているのか。民族誌的アプローチから考察。A5判　3800円

緊急人道支援の世紀 ―紛争・災害・危機への新たな対応―

内海成治・桑名恵・大西健丞編　主要機関の役割の解説から、実践の現場からの報告まで、一冊で緊急人道支援の全体像を学ぶ。A5判　3800円

ボランティア・難民・NGO ―共生社会を目指して―

内海成治　長年国際協力に携わってきた著者による、グローバルな共生社会実現に向けた三つのキーワードを巡る諸論考を集成。A5判　3500円

交錯と共生の人類学 ―オセアニアにおけるマイノリティと主流社会―

風間計博編　オセアニア島嶼部における移民・「混血」、性・障害などの民族誌事例を提示し、現代世界における共生の論理を追究。A5判　5200円

響応する身体 ―スリランカの老人施設ヴァディヒティ・ニヴァーサの民族誌―

中村沙絵　他人でしかない人々の間に老病死を支える関係性は、いかに築かれているのか。スリランカの老人施設が投げかける問いとは何か。A5判　5600円

草原の掟 ―西部モンゴル遊牧社会における生存戦略のエスノグラフィ―

相馬拓也　数千年にわたって培われてきた遊牧民たちの「生活の知恵」を明らかにするフィールドワークの記録。　A5判　5600円

グローバル・イスラーム金融論

吉田悦章　グローバル化・高度化を続けるイスラーム金融を実証的に分析。発展史から地域的特性、金融商品の内容など詳細に解説。A5判　4200円

イスラーム経済の原像 —ムハンマド時代の法規定形成から現代の革新まで—

ハシャン・アンマール　酒、豚肉、利子（リバー）、これらはいつ、どうして禁じられたのか。イスラーム経済の本質を問う。　四六判　3200円

現代アラブ君主制の支配ネットワークと資源分配 —非産油国ヨルダンの模索—

渡邊駿　「アラブの春」において君主制国家はなぜ崩れなかったのか？石油を持たぬ王国ヨルダンに見る体制存続のメカニズム。Ａ５判　5400円

現代イスラーム世界の食事規定とハラール産業の国際化 —マレーシアの発想と牽引力—

桐原翠　マレーシアの政策に主導され、制度としてのハラール認証が世界に拡がるメカニズム。「食」からのイスラーム世界論。Ａ５判　4200円

歴史書の愉悦

藤原辰史編　古今東西の歴史学の名著を、現代の俊英たちが鮮やかに読み解く。ハードでディープな歴史学ブックガイド。　　　Ａ５判　3000円

歴史としての社会主義 —東ドイツの経験—

川越修・河合信晴編　社会主義とは何だったのか。東ドイツを生きた人々の日常生活を掘り起こし、社会主義社会の経験を検証。Ａ５判　4200円

アンゲラ・メルケルの東ドイツ —「劣化する社会」を生きる人びと—

川越修　劣化し崩壊していった東ドイツ社会の中でメルケルは何を見たのか。自らの信念に生きた人びとの思索との対話。　　四六判　2500円

モダン京都 —〈遊楽〉の空間文化誌—

加藤政洋編　漱石や谷崎らが訪れた宿、花街や盛り場の景観。文学作品や地図などをもとに京都における遊楽の風景を再構成。四六判　2200円

日常生活行動からみる大阪大都市圏

稲垣稜　少子高齢化や女性の社会進出に伴い変化する大都市圏の構造を、通勤流動や買い物行動の世代間比較の分析から読み解く。Ａ５判　2700円

大恐慌期における日本農村社会の再編成 —労働・金融・土地とセイフティネット—

小島庸平　大恐慌を契機とした、農村社会の紐帯に依存した独特な福祉国家システムの形成過程を、実証的に明らかにする。　Ａ５判　5800円

堀田善衞　乱世を生きる

水溜真由美　戦争や内戦、歴史への関心、第三世界との関わり。乱世を描き、知識人のあり方を問い続けた作家の全体像に迫る。四六判　3800円

つながりが生み出すイノベーション —サードセクターと創発する地域—

菅野 拓 東日本大震災の被災地で大きな役割を果たしたNPOなどのサードセクター。その実態を詳細な調査をもとに解明。　A5判　3800円

災害対応ガバナンス —被災者支援の混乱を止める—

菅野 拓 日本の災害対応が混乱する原因を構造的に明らかにし、より良い災害対応ガバナンス構築のための提言を行う。　A5判　2000円

ポスト3・11の科学と政治

中村征樹 編 東日本大震災が浮き彫りにしたさまざまな問題を、「科学をめぐるポリティクス」という観点から考察する。　四六判　2600円

責任ある科学技術ガバナンス概論

標葉隆馬 科学技術政策の現状と課題、倫理的・法的・社会的課題(ELSI)など、科学と政策、社会に関わる議論を包括的に解説。　A5判　3200円

災禍をめぐる「記憶」と「語り」

標葉隆馬 編 公的な記録からこぼれ落ちていく、災禍をめぐる経験や感情、思考。それらを社会に留め、記憶を継承していくために。　四六判　3600円

ポスト3・11のリスク社会学 —原発事故と放射線リスクはどのように語られたのか—

井口暁 ルーマンのリスク論と対話論の再検討を通じ、ポスト3・11の論争空間を分析する。　四六判　3400円

日本の動物政策

打越綾子 愛玩動物、野生動物、動物園動物から実験動物、畜産動物まで、日本の動物政策・行政のあり方をトータルに解説。　A5判　3500円

人と動物の関係を考える —仕切られた動物観を超えて—

打越綾子 編 動物への配慮ある社会を実現するには。動物実験、畜産、自治体、野生動物、動物園、各現場からの報告と対話。　四六判　2000円

動物問題と社会福祉政策 —多頭飼育問題を深く考える—

打越綾子 環境省「多頭飼育対策ガイドライン」策定の背景を平易に解説。社会福祉と動物関係者の連携による解決を目指す。　四六判　2300円

フードスタディーズ・ガイドブック

安井大輔 編 食について考えるうえで欠かせない49冊を徹底紹介。食を総合的に考えるための初の本格的ブックガイド。　A5判　2600円

地域文化観光論—新たな観光学への展望—

橋本和也 観光学にアクターネットワーク理論（ANT）を用いた分析を導入する最新テキストブック。　　　　A5判　2600円

深掘り観光のススメ—読書と旅のはざまで—

井口貢 正しい読書との相乗効果によって、知的に積極的な旅が生まれる。柳田國男に学びつつ人文学的旅の可能性を拓く。　四六判　2200円

メディア・コンテンツ・スタディーズ—分析・考察・創造のための方法論—

岡本健・田島悠来編 身近でなじみのあるメディア・コンテンツについてリサーチし、理解するためのガイドブック。　　A5判　2600円

メディアコミュニケーション学講義—記号／メディア／コミュニケーションから考える人間と文化—

松本健太郎・塙幸枝 技術的環境の変化と、私たちと私たちの文化の変容を読み解くテキストブック。　　　　A5判　2400円

ポスト情報メディア論

岡本健・松井広志 ［シリーズ］メディアの未来　人・モノ・場所のハイブリッドな関係性を読み解く視点を提示　　四六判　2400円

音響メディア史

谷口文和・中川克志・福田裕大著 ［シリーズ］メディアの未来　音のメディアの変遷、そして技術変化と文化の相互作用。　　四六判　2300円

ポピュラー音楽の社会経済学

高増明編 なぜ日本の音楽はつまらなくなったのか。音楽産業の構造からロックの歴史、Jポップの構造までトータルに解説。　A5判　2800円

日本の社会政策［改訂版］

久本憲夫 失業、非正規雇用、年金、介護、少子高齢化など、日本が直面するさまざまな問題と政策動向をトータルに解説。　　A5判　3200円

日本の外国人労働者受け入れ政策—人材育成指向型—

佐藤忍 人材育成指向型による受け入れへと舵を切った日本の移民政策その実態と変化を詳細に分析する。　　　　A5判　4800円

イタリア現代都市政策論—都市‐農村関係の再編—

井上典子 都市開発を抑制し持続可能な都市発展を目指すイタリアの大都市圏政策を考察する。　　　　A5判　3600円

マクロ経済学入門

韓 福相 基礎理論を学んでいけば、いま日本や世界が直面する経済問題の意味が見えてくる。自分で一から学べる入門書。　A 5 判　2500円

入門社会経済学 [第 2 版] —資本主義を理解する—

宇仁宏幸・坂口明義・遠山弘徳・鍋島直樹 ポスト・ケインズ派、マルクス派等、非新古典派の理論を体系的に紹介する決定版。A 5 判　3000円

現代の政治経済学 —マルクスとケインズの総合—

鍋島直樹 ポスト・ケインズ派やマルクス派をはじめ、現代の政治経済学の理論を平易に解説。豊かで平等な社会の実現のために。A 5 判　2700円

最強のマルクス経済学講義

松尾匡編 資本論体系から数理マルクス経済学、歴史理論まで。21世紀の超本格派マルクス経済学テキスト、ついに登場！　A 5 判　3600円

認知資本主義 —21世紀のポリティカル・エコノミー—

山本泰三編 フレキシブル化、金融化、労働として動員される「生」——非物質的なものをめぐる「認知資本主義」を分析。四六判　2600円

制度経済学 —政治経済学におけるその位置—

J. R. コモンズ／中原隆幸・宇仁宏幸他訳 制度学派の創始者、コモンズの主著の待望の完訳（全 3 冊）。　A 5 判　上4500、中6500、下6500円

入門制度経済学

シャバンス　宇仁宏幸他訳 古典から最新の経済理論まで、制度をめぐる経済学の諸潮流をコンパクトに解説する。　　　　四六判　2000円

ポストケインズ派経済学入門

M. ラヴォア　宇仁宏幸ほか訳 新古典派、新自由主義への強力な対抗軸たるその理論と政策を平易に解説する待望の入門書。四六判　2400円

福祉の経済思想家たち [増補改訂版]

小峯敦編 福祉＝理想社会の設計をめぐって格闘した、経済学者たちの軌跡。ベーシックインカムはじめ、最新のトピックも充実。A 5 判　2400円

テキストマイニングから読み解く経済学史

小峯敦編 経済学は人々の間にどのように浸透し、受容されていったのか。「計量テキスト分析」から明らかにする。　　　　A 5 判　3500円

貨幣論の革新者たち —貨幣と信用の理論と歴史—

古川 顕 「貨幣とは何か?」を変えた偉大な7人の理論を紐解き、貨幣論が「信用論」へと深化してきた過程を明らかにする。**A5判 3500円**

入門数理マルクス経済学

山﨑好裕 マルクス経済学とは何でありうるのか。現代経済学と比較対照しながらマルクス経済学の現代的意義を平易に解説。**四六判 2200円**

ハイエクを読む

桂木隆夫編 ハイエクは本当に新自由主義の元祖なのか。ハイエク思想の総体をキーワード別に解説する格好のハイエク入門。**四六判 3000円**

21世紀に生きる資本論 —労働する個人・物質代謝・社会的陶冶—

鈴木敏正・高田純・宮田和保編 労働する諸個人、物質代謝論、将来社会への社会的陶冶の観点から、資本論の可能性を再考。**A5判 3800円**

制度でわかる世界の経済 —貨幣と信用の理論と歴史—

宇仁宏幸・厳成男・藤田真哉編 より広範な合意とより多くの公共の福祉の達成のために。制度や政治から経済の現実に鋭く迫る。**A5判 3000円**

日本経済の常識 —制度からみる経済の仕組み—

中原隆幸編 マクロ経済学の基本から雇用、財政、社会保障まで、日本経済の現状と課題を制度経済学の観点から平易に解説。**A5判 3600円**

国際経済学入門 [改訂第2版] —グローバル化と日本経済—

高橋信弘 国際経済学の基本をもとに、経済の仕組みをやさしく解説。TPPや欧州債務危機など最新の情報をもとに分析。**A5判 3200円**

日本の経営・労働システム —鉄鋼業における歴史的展開—

青木宏之 戦後のリーディング産業であった鉄鋼業を対象に、組織を動かす職場集団のメカニズムを解明する。**A5判 3600円**

ダイバーシティ・マネジメント入門 —経営戦略としての多様性—

尾﨑俊哉 さまざまな人材の活用をめざすダイバーシティ・マネジメント。その経営戦略上の意義をわかりやすく紹介する。**A5判 2200円**

組織マネジメントの社会哲学 —ビジネスにおける合理性を問い直す—

中村隆文 「正しい合理化」のため必要なのは「合理性の認識」のアップデート。「共によく働ける場」を作るための必読書。**四六判 2000円**

構成される組織という協同組合の本質と矛盾するだろう。仮にある市場や社会を構成する人びとのすべてが組合員になるとして，その団体を引き続き「協同組合」と呼べるだろうか。

　同様の問題はプラットフォーム協同組合と地域社会との関係にも見出される。協同組合の原則⑦に地域社会の「持続可能な発展」への貢献が掲げられていることはすでに述べた。実際に Fairbnb. coop や Equal Care Coop も地域社会との関わりを重視していた。エネルギーや上下水道，公営住宅などを含む公共サービスの運営に携わる協同組合も数多く存在する。さらにインターネットやデジタル・プラットフォームそれ自体を土地・水・エネルギーなどと同じ「コモンズ」とみなし，市民が協同組合を通じて共同で所有し，民主的に管理すべきともいわれる（斎藤, 2020）。プラットフォーム事業が独占を不可避とするからこそ，その独占の完成を資本主義の最終形態と捉え，市民による協同組合を通じた共同所有と民主的管理を基盤とする「ポスト資本主義」への転機を見出す議論もある（メイソン, 2017）。実際，プラットフォーム資本主義（監視資本主義）と権威主義国家の結託に対抗し，プラットフォーム協同組合と「ミュニシパリズム」（municipalism），すなわち住民参加型直接民主主義に基づく「地域自治主義」を組み合わせ，「デジタル民主主義」の実践を目指す取り組みも現れつつある [13]。

　しかしながら，デジタル・プラットフォームを含む「コモンズ」

---

12) たとえば Google は「Google の使命は，世界中の情報を整理し，世界中の人がアクセスできて使えるようにすることです」というミッションを掲げている〈https://about.google/（最終閲覧日：2023 年 4 月 1 日）〉。
13) たとえばスペイン・バルセロナ市は Microsoft 製品を市の情報システムから排除し，公共調達契約に市民の「データ主権」条項を取り入れ，プラットフォーム協同組合を支援・育成している（ブリア, 2021）。バルセロナ市と同様に「ミュニシパリズム」を掲げる自治体は欧米を中心に約 80 を数え，プラットフォーム協同組合や労働者協同組合を施策に取り入れた先駆的な試みが始まっている（シュナイダー, 2020：243；ギナン ＆ ハンナ, 2021；ブラウンほか, 2021）。

を共同で所有・管理する協同組合や，自治体の施策に取り入れられた協同組合は，社会や自治体の「公益」に資することを目的とし，組合員の「共益」の増進を目指す協同組合の本質的な特徴と矛盾をきたすだろう。自治体や地域コミュニティの全住民を組合員とし，その「公益」の実現を担う団体は，すでに「協同組合」ではなく自治体そのもの，ないしは何らかの公共団体とされるだろう。このようにプラットフォーム協同組合は，プラットフォーム資本主義の支配に抗して市民主体のデジタル・プラットフォーム経済を構築する可能性を示しつつ，同時に組合員主体の「共益」組織という協同組合のアイデンティティに本質的な問いを投げかけてもいるのである。

●ディスカッションのために
①協同組合の原則や価値，株式会社などの営利企業との違いについて本文の記述を要約しよう。また協同組合とプラットフォーム事業の共通点と違いについて本文の記述を表にまとめてみよう。
②プラットフォーム協同組合とは何か，プラットフォーム協同組合の具体的な事例や類型にはどのようなものがあり，それぞれどのような特徴があるのか本文の記述を表にまとめて整理してみよう。
③デジタル経済やプラットフォーム事業はなぜ独占に向かうのか，それがプラットフォーム協同組合に投げかける問題とは何か，本文の記述をまとめてみよう。またプラットフォーム協同組合や協同組合全般にとって，「共益」と「公益」とは何か，なぜ両者が問題となるのかについても本文の記述をまとめ，整理してみよう。

【引用・参考文献】
ギナン，J. & ハンナ，T. M. (2021).「新しい経済における民主的所有形態」ジョン，M.［編］／朴勝俊・山崎一郎・加志村拓・長谷川羽衣子・大石あきこ［訳］『99％のための経済学──コービンが率いた英国労働党の戦略』堀之内出版，pp. 211–237.〔原著：2018〕
国際労働機関（ILO）(2017).「ILO100周年記念イニシアチブ「仕事の未来」──論点資料・シリーズ6」
斎藤幸平 (2020).『人新世の「資本論」』集英社
シュナイダー，N.／月谷真紀［訳］(2020).『ネクスト・シェア──ポスト資本主

義を生み出す「協同」プラットフォーム』東洋経済新報社〔原著：2018〕

スルニチェック, N.（2021）.「プラットフォーム独占とAIの政治経済学」ジョン, M.［編］／朴勝俊・山崎一郎・加志村拓・長谷川羽衣子・大石あきこ［訳］『99％のための経済学——コービンが率いた英国労働党の戦略』堀之内出版, pp. 281-299.〔原著：2018〕

日本協同組合連携機構（JCA）（2020）.「研究REPORT」19.

ブラウン, M., ハワード, T., ジャクソン, M., & マキンロイ, N.（2021）.「新しい地域経済システム——英国と米国を例に」ジョン, M.［編］／朴勝俊・山崎一郎・加志村拓・長谷川羽衣子・大石あきこ［訳］『99％のための経済学——コービンが率いた英国労働党の戦略』堀之内出版, pp. 238-264.〔原著：2018〕

ブリア, F.（2021）.「データ・ニューディール」ジョン, M.［編］／朴勝俊・山崎一郎・加志村拓・長谷川羽衣子・大石あきこ［訳］『99％のための経済学——コービンが率いた英国労働党の戦略』堀之内出版, pp. 301-318.〔原著：2018〕

メイソン, P.／佐々とも［訳］（2017）.『ポストキャピタリズム——資本主義以後の世界』東洋経済新報社〔原著：2015〕

リフキン, J.／柴田裕之［訳］（2015）.『限界費用ゼロ社会——〈モノのインターネット〉と共有型経済の台頭』NHK出版〔原著：2014〕

Sholtz, T.（2016）. *Platform cooperativism: Challenging the corporate sharing economy.* New York: Rosa Luxemburg Stiftung.

Chapter 10

プラットフォーム資本主義の光景と新封建主義の傾向
スクリーン・ユーザー・Amazon・Uber の分析を中心に

水嶋一憲

Key Words：スクリーン／ユーザー／パンデミック・プラットフォーム／フレキシブルなプラットフォーム労働／新封建主義／来るべき抵抗形態の始まり

● Amazon Echo dot 第 5 世代 *　[…] ありふれたシーンを取り上げてみよう。家庭内に設置されたスマートスピーカー Amazon Echo（アマゾンエコー）に, ユーザーが「Alexa（アレクサ）」と話しかけている光景がそれだ。（☞ 本章 142 頁）

● Uber のウェブサイト *　タクシーを探しているユーザーがスマホを取り出し, 配車サービス Uber のアプリを開いて乗車を依頼するという, ありふれた光景を思い描いてほしい。（☞ 本章 147 頁）

*https://www.amazon.co.jp/dp/B09B8SZLLG（最終閲覧日：2023 年 4 月 3 日）
**https://www.uber.com/jp/en/（最終閲覧日：2023 年 4 月 3 日）

┃ 1　スクリーンとマスク

　プラットフォーム資本主義を解読するために，日常生活のありふれたシーンを取り上げていこう。まず，電車のなかの光景を思い出していただきたい。コロナ禍以後，多くの乗客がマスクを着けてスマホ（スマートフォン）やタブレットの画面に見入っている——すでにおなじみのこのシーンから始めよう【シーン①】。

　この場面をもっと長い時間的なスパンで見直してみると，電車やバスといった公共交通機関の乗客が，他の人びとの視線を避けるために用いるモノが大きく変化していることがわかる。携帯電話やスマホが普及する以前には，乗客の多くは新聞や雑誌や本の紙面に目を落とし，いわばそれらを盾にして他者の眼差しから自分を守ることにより，その場に一緒にいながらも各人が視線を見交わすことなく孤立していられるような，匿名の緩やかな集合性を形作っていた。しかし今日，そうした他者の視線を遮断するシールドは，新聞等の印刷物（活字メディア）からスマホなどのモバイルスクリーン（デジタルメディア）にすっかり移り変わっている（Denson, 2020）。

　新聞の紙面が基本的に過去の出来事や動きを記録・保存したモノであり，現在そして未来における反応や活動を欠いた不活性状態にあるのとは対照的に，スマホのスクリーンは絶えずダイナミックに変化しつづけるモノであり，不断の活性状態にある。スマホを手にしたわたしたちは，次々と流れてくるニュースに反応したり，メッセージを交換したり，イメージを共有したり，動画を視聴したり，ゲームをプレイしたり，ツイートとリツイートを繰り返したり，というように，タッチスクリーン上で指を自在に滑らせながら，あるアプリケーションをタップしては別のアプリをタップするという動作をひっきりなしに繰り返し，さまざまなプラットフォームを行き来している。またそのとき，オンライン上のプラットフォームの「ユーザー」（この言葉については次節で分析する）としてのわたしたちの行動はデータ化され，そうして集められた膨大なデータは，プラット

フォーマーの所有・管理するアルゴリズムを通じてわたしたち一人ひとりの未来の一挙手一投足を「スマートに」予測するために活用される。しかもその予測はわたしたち自身に送り返され，各人はユーザーとしての自己の主体性を積極的に予期し，成型することを求められる。

　スマホのスクリーンを絶えず見つめ，それに触れているわたしたちは，そうしたフィードバック・ループに基づく未来志向のプロセスとダイナミックな変化の渦中に引き込まれながら，一刻たりとも注意を怠ることのできない警戒体制をとりつづけることを余儀なくされていると言えるだろう。

　車内の光景に戻ろう。〈マスク〉で鼻口を覆いながら，スマホの〈スクリーン〉を注視している乗客の姿は，両者の働きの類似性を映し出しているとも考えられる。マスクは，そのフィルター機能により，感染リスクのある人びととのあいだの〈距離〉を保つのとある程度同じ働きをするので，人びとが〈接近〉しても一定限の安全性を保証することの可能な器具である。そのため，マスクは〈（フィルターを介した）隔たりと（身体的な）近接性〉を媒介するメディアとしても捉えられるだろう。これと同じく，スマホのスクリーンも他者の視線から個人を防御する器具，言い換えれば，ヴァーチュアルなフェイスシールドのようなものであると同時に，SNSプラットフォーム等を通じて人びとを結びつけるコミュニケーション・デバイスでもあるという，〈隔たり（孤立）と近しさ（つながり）〉を媒介するメディアとして捉えられる。

　だが，スクリーンとマスクのこうした類似性に留意しながらも，プラットフォーム資本主義の動態をより広く深く解読するためには，スクリーンを見つめ，それに触れている乗客を「ユーザー」という視点からあらためて捉え直し，その複合的なあり方を浮き彫りにしておく必要があるだろう。

▌2　ユーザーとビッグ・マザー

　そもそもユーザーとは何だろうか？　それは一見したところ平凡かつ単純なものに見えるが，じつは奇妙かつ複雑な存在である。なぜなら，ユーザーというこのあまりにも身近で聞き慣れた語は，たんなる使用者や消費者を指すものではもはやなく，いまやもっと複合的な存在体を指すものとなっているからである。

　このことを明らかにするために，二つ目のありふれたシーンを取り上げてみよう。家庭内に設置されたスマートスピーカー Amazon Echo（アマゾンエコー）に，ユーザーが「Alexa（アレクサ）」と話しかけている光景がそれだ【シーン②】。そのとき Echo ユーザーは，さながらギリシャ神話に登場する獅子・山羊・蛇・怪物が合わさった動物，キマイラのように，「消費者」「資源」「労働者」「製品」からなる混成的な形象として捉えられる。なぜだろうか。

　まずユーザーは，Amazon Echo というデバイスを購入した消費者である。だが同時にユーザーは，その音声コマンドが──人間の声とインストラクション（＝機械語の命令）からなる，さらに大きな資料体（コーパス）を構築する目的で──収集され，分析され，保存される資源でもある。同じくユーザーは，AI アシスタント Alexa の返答の正確性や有用性，ひいてはその全般的な質向上のためのフィードバック・メカニズムに資するような，価値あるサービスを間断なく遂行しつつ，労働を提供する，無償の労働者でもある。さらにまたユーザーは，その音声コマンドに含まれた諸種のアテンション（関心・注目・注意）が「Amazon の広告ソリューション」の「広告主」等に販売される製品や商品でもある。このように今日のメディア・プラットフォーム社会におけるユーザーは，消費者・資源・労働者・製品からなる複合的な存在体に変容しているのだ（Crawford & Joler, 2018）。

　一方，こうしたユーザーが話しかける Alexa を搭載した「スマートスピーカー」は各種「スマート家電」と接続しつつ（IoT ☞本書 102頁），「スマートホーム」を構成している。そうしたスマートな「わ

が家」は，ときとして「スマートシティ」(☞本書第7章) に包摂され
つつ，情報とコミュニケーションのグローバルネットワークの節点
として，企業とそれが招き入れる第三者（＝外部事業者）たちと共に
暮らす「シェア・ハウス」となっている。

　いわば Alexa は，「贅沢な監視」と「利便性」を求めるユーザー
に対して，「ケア」（見守り／配慮）と「コントロール」（見張り／制御）を
同時に提供する，「ビッグ・マザー」や「スマート・ワイフ」とい
う役割を担っているのである (Sadowski et al., 2021)。

　ビッグ・マザーは，サービス向上の名目で利用可能なすべての
データを収集し，関心を持つ多くの第三者（＝外部事業者）たちとデー
タを共有したり，それら第三者にデータを販売したりせずにはいら
れず，ケア（見守り／配慮）／コントロール（見張り／制御）のネットワー
クを他のメーカー，広告主，保険会社，警察等々に拡大していくこ
とになる。スマートホームは，新たなかたちの価値採取――「デー
タ採取」や「データ採掘」という言葉が端的に表しているような―
―のためのニュー・フロンティアとして開拓＝開発されてきたとも
言えるだろう。

　かつてイギリスの作家ジョージ・オーウェルが独裁者「ビッグ・
ブラザー」の君臨する近未来として設定した1984年に，批評家の
浅田彰は次のように指摘していた。

　　SFで未来都市の集中制御を行う中央計算機がほとんどつね
　　にマザー・コンピューターと呼ばれるのは興味深いことであ
　　る。エレクトロニック・マザーのささやきは無数に分岐した
　　メディアを通じて社会全体に浸透し，子どもたちを縫い目のな
　　い電子の織物の中に包み込む。(浅田, 1984：42)

これは，第7章でふれられていた磯崎新のスーパーストラクチュア
とも重なり合う (☞本書100頁)，鋭い洞察だ。しかし，いまや「子ど
もたち」は，諸種のアプリやプラットフォームへの常時接続を通じ

ていつでもどこでも捕獲される「ユーザー」となり，「エレクトロニック・マザー」の方も，生活の隅々にまで浸透した見守りと見張りの二重の担い手としての「ビッグ・マザー」に変貌していると付け加えておくべきだろう。

3　パンデミック・メディアとプラットフォーム資本主義

しかもコロナ禍後の状況は，ユーザーという混成的な形象のあり方も含めて，メディア・技術・資本主義の連関を再編・強化しつつある。

すでに多くのユーザーが日常的に経験しているように，COVID-19は——スマホやQRコードを用いた検出・計測や記録・追跡の遍在化，「在宅勤務（テレワーク）」や「オンライン授業・会議・診療」の拡大，「配達サービス」や「ストリーミングサービス」の隆盛といった動きが明瞭に示すとおり——諸種のデジタル・テクノロジーを実装したデバイスやプラットフォームと多層的に交差・連結している。わたしたちはメディアのこうした新しい環境や布置のことを，「パンデミック・メディア」と呼ぶことができるだろう。

パンデミック・メディアの観点からすると，これまでコンテンツ配信のプラットフォーム（Netflix・YouTube・Facebookなど）を中心的な分析対象としがちだったメディア研究は，最新のロジスティクス等も含めた多角的部門を連結する諸種のプラットフォームによる媒介様式と，それらの社会／生活インフラ化をも視野に入れる必要がある。ことにコロナ禍が甚大な被害を及ぼすなか，一部関係者のあいだで「新しい赤十字」を僭称する動きもあったと伝えられるAmazonのように，コロナ禍後に収益を増大させた「パンデミック・プラットフォーム」は，離れた安全な場所にいる顧客（ユーザー）に利便性を享受させる一方で，配達などのエッセンシャル・ワークに従事する労働者（その多くは，不安定な雇用形態で働く「ギグ・ワーカー」である）をリスクにさらしている[1]。

　自宅の PC やスマホのスクリーンを感染から身を守るための盾にして，安全な環境で Amazon の注文ボタンをクリックするユーザーたちの光景が，倉庫の従業員や配送ドライバーや配達員たちが働く高リスクの物流現場の光景に直結しているという点を見落としてはならないだろう【シーン③】。

　この点も踏まえて，メディア研究者のマーク・スタインバーグらは次のように指摘している。

　　プラットフォーム＋危機＝不平等。この方程式が示すのは，プラットフォームが，ある人びとには利便性を，他の人びとには危険を，最上流の人びとには財力・金融能力の強化をもたらすものである，ということだ。(Steinberg & Neves, 2020: 111)

これは，コロナ禍以降，影響力を高めたパンデミック・プラットフォームが，それ以前からプラットフォーム資本主義の有していた傾向をさらに加速・拡大・増強させたものにほかならないということを示唆する，重要な指摘である。

　プラットフォーム資本主義研究に先鞭をつけたニック・スルネックは，その議論の骨子を次のようにまとめている。

　　二一世紀は，デジタル技術の変化を基盤に，企業にとって，あるいは労働者，顧客，および他の資本家と企業の関係にとって，データがますます中心的ものとなった時代である。プラットフォームが新しいビジネスモデルとして現れ，膨大なデータを採取し，制御・管理している。こうした転換とともに，わたしたちは数々の巨大な独占企業が勃興するのを目にしてきた。

---

1)「ウイルス対策の不備に抗議をした従業員は解雇　アマゾンは倉庫でコロナ患者が出ても従業員に伝えず，“重篤患者”にも出勤を命じた」クーリエ・ジャパン，2021 年 7 月 10 日〈https://courrier.jp/news/archives/252496/（最終閲覧日：2023 年 4 月 3 日)〉

（スルネック, 2022：15［一部訳語を変更］）

　つまり，現在の資本主義はデータという原料の採取と使用に基づいているということ，またそのなかでプラットフォームは，ユーザーの提供するデータを採取・収集・蓄積・占有・採掘・加工することを通じ，商業的利益のためにそれらを利用して収益化を図る，価値の捕獲のための装置として重要な推進的役割を果たしているということである。

　より一般的な水準で捉えるなら，プラットフォームとは，さまざまな集団（顧客，広告者，サービス提供者，補完的生産者，外部事業者，等々）を寄せ集めることのできる中間的な媒介物，言い換えれば，それらの集団を媒介することのできる基礎的な下部構造（＝ベーシックなインフラ）のことを指す。しかも，あるプラットフォーム上で相互作用するユーザーの数が多くなればなるほど，そのプラットフォーム全体が有する価値はより大きくなっていく（「ネットワーク効果」☞本書12-13頁）。それゆえ，Google・Amazon・Meta（元Facebook）・Uber（ウーバー）のように，多くのユーザーを引き寄せ，媒介するのに成功しているプラットフォームには，「独占化への傾向が」その「DNAには埋め込まれている」（スルネック, 2022：113）わけである。しかしだからといって，それぞれ形態を異にする巨大プラットフォーム企業が競争を免れていると見るのは早計だろう。むしろそれらは，同じ市場とデータ領域を浸食し合いながら，熾烈な競争を通じて類似した統合形態へと収斂していく――たとえば，Google・Amazon・Microsoftがクラウド市場の独占という同一目標に向かっているように――ものと推測される（スルネックの提示する「コンヴァージェンス説」）。

　いずれにしても，多くの集団を媒介するためのベーシックなインフラにあたるプラットフォームは，そこに記録された膨大な量のデータを独占・分析・使用することのできる機能を有しており，そしてまさにこの機能こそがプラットフォームをして，データを主原料とする21世紀のデジタル経済に適した随一のビジネス・モデル

たらしめているものなのだ。

しかしながら，パンデミック・プラットフォームがさまざまの「不平等」の拡大をあぶり出してみせたように，プラットフォーム資本主義には，階層化や独占化，一言でいえば，「新封建主義」（ないしは，新たな技術を基盤にした「テクノ封建主義」）へと向かう傾向が本来備わっているという厳しい批判も寄せられている。つまり，新自由主義のもとで拡大した「格差」が，いまやデジタルプラットフォームの媒介する「プラットフォーマー」（領主）と「ユーザー」（臣下や農奴）のあいだの一種の固定された「身分関係」としてさらに拡大・強化されつつあるという指摘である[2]。この点について，配車サービス Uber を例にとり，節をあらためて考察してみたい[3]。

▌4　新自由主義から新封建主義へ

プラットフォーム資本主義の典型的なシーンの一つを取り上げておこう。タクシーを探しているユーザーがスマホを取り出し，配車サービス Uber のアプリを開いて乗車を依頼するという，ありふれた光景を思い描いてほしい。数分後，配車リクエストを確認したドライバーが自分の所有する車で到着し，乗客を乗せて目的地まで送り届ける。乗車後，乗客とドライバーは相互評価し，レビューが記録される【シーン④】。

このシーンでデータ駆動型の配車アプリを提供し，乗客とドラ

---

2) こうした指摘は，プラットフォーム資本主義時代の「新封建論争」とも呼べる事態に発展している。すなわち，GAFAM のような巨大デジタル・プラットフォームの所有者とユーザーの関係をかつての領主と農奴・臣下の関係に見立てる「新封建主義」（ジョディ・ディーン）や「テクノ封建主義」（セドリック・デュラン，ヤニス・バルファキス）等の立場と，そのようなアナロジーを斥ける「テクノ封建理性批判」（エフゲニー・モロゾフ）等の立場とのあいだで，目下，論争が繰り広げられているのである。

3) Uber に関する考察は，Dean（2022）ほかの分析に多くを負っている。

イバーのマッチングを行う Uber は，最適なルートをマッピングし，ドライバーのパフォーマンスを管理し，目的地に関するデータを採取する一連のアルゴリズムを駆使している。そればかりか Uber は，今日のプラットフォーム資本主義のモデルにあたるデジタル仲介技術とベンチャーキャピタルによる複数回の資金調達ラウンドをその推進力としつつ，資産を持たない破壊的なテック企業の象徴的な存在として大きな社会的影響力を行使している。

よく知られているように，Uber はドライバー（「ギグ・ワーカー」や「プラットフォーム労働者」や「オンデマンド労働者（ワーカー）」とも呼ばれる人びと）を，「従業員」としてではなく「個人事業主」や「独立業務請負人」として分類してきた。これは，アメリカ合衆国や EU（欧州連合）において，労働者の諸権利を擁護する立場から糾弾されたり，従業員として扱うべきとする判決をたびたび下されたりしてきたやり方だが，Uber 側は基本的に自社のそうした分類方法を保持しつづけている。

そのさい，正当化のために持ち出される主要な論拠が，新自由主義から引き継がれた「フレキシビリティ（柔軟性）」なのである。たとえば，2021 年 2 月に「すべてのプラットフォーム労働者のためのより良い取引の確立」を謳って発表された Uber の文書には，次のような一節が見られる。

> フレキシビリティのおかげで，いつどこで，誰のために，どのくらい働くかを自分で選択できます。つまり，従来の雇用関係とは異なり，Uber のようなプラットフォームを介してサービスを提供することで，子供や愛する人のケア，勉強，複数の収入機会を同時に組み合わせることなど，その人の他の優先事項にぴったり合わせることができるようになるのです。これにより，労働市場から排除されがちな人びとに，収入を得る機会を提供することができます。(Uber, 2021 : 11)

こうしたフレキシビリティを通じて Uber のドライバーは，プ

ラットフォーム資本主義における「二重の意味で自由な労働者」となる。まず第一にドライバーは，従業員という身分とその諸権利から「自由」である。つまり Uber はドライバーを，「従業員」としてではなく「個人事業主」として——より詳しく言えば，賃金・労働時間・休暇・労災などに関する労働者としての諸権利を持たない，フレキシブルな個人事業主として——扱い，搾取しつづけている。そのうえで，Uber のアプリとプラットフォームは，ドライバーと乗客を結び付け，そこからしっかりとデータとレント（手数料）を採取しているのである。

　第二に Uber のドライバーは，消費財としての自分の車から「自由」な労働者である。すなわち，自分の所有する自家用車が，消費のためのアイテムから，乗車サービスの生産手段や Uber のプラットフォームのための蓄積手段に変化しているのである。Uber は——通常のタクシー会社とは異なり——大量の車を購入して維持費を支払う代わりに，その費用をドライバーに肩代わりさせながら，他人の車を利用し，また事実上，その車を手に入れており，元々の所有者たちを自社のアプリやプラットフォームに従属させている。そのようにして運転者は，自分の所有財産が他者の資本蓄積手段というかたちをとることにより，所有権からも「自由」になる。しかも多くの場合，マイカー自体がローンを組んで購入されたものであるため，借金を返済しつづけ，収入を維持するためにも，運転者は——車両条件や清潔さや快適さなどに関して次々と厳しい要求を課してくる——Uber のプラットフォームにますます縛り付けられることになる。

　労働のフレキシビリティはこれまで50年近くにわたって持続し，変容してきた新自由主義的資本主義を支える主要な要素の一つであるが，Uber のようなプラットフォーム資本主義の代表的企業の一つが唱えるフレキシビリティは，新自由主義が新封建主義へと移り変わっていく現在の傾向を映し出したものと見なしうる。先述した Uber の採取と搾取の仕組みが示唆するように，プラットフォーム

資本主義におけるフレキシブルな労働者と新封建主義における新たなかたちの臣下は一体不離の関係にあり，しかもそうした関係性はますます拡大・深化しつつある，と指摘できるだろう。

　政治学者のジョディ・ディーンが強調するように，新自由主義は労働者階級の敗北の時代であり，新封建主義はその敗北がもたらした結果にほかならない（Dean, 2020）。かつての封建主義は領主と農奴・臣下のあいだの主従関係や人格的依存関係によって特徴づけられるものであった。これに対し，新封建主義は，わたしたちの生をくまなく包囲・媒介・捕獲するプラットフォームへのアルゴリズム的依存や，そうしたプラットフォームを所有し，それを制御・管理（コントロール）しながらデータとレント（手数料・使用料・賃貸料等）を採取する，少数の新たな「支配階級」と多数の「ユーザー」のあいだの非対称的な関係性や圧倒的な不平等・格差の拡大によって特徴づけられるものだ。プラットフォーム資本主義にはそのような新封建主義へと向かう運動法則が内包されていると分析できるだろう。

▌5　来るべき抵抗形態の始まり

　インターネットの黎明期（1990年）に哲学者のジル・ドゥルーズは，今日のポスト・インターネット社会を鋭く予見していたかのような「制御・管理社会（コントロール）」論を発表したが，そこで彼は「若者たち」にこう呼びかけていた。

> 　マーケティングの楽しみに立ち向かう能力をそなえた，来るべき抵抗形態の始まりを，現時点でもすでにとらえることができるだろうか。……自分たちが何に奉仕させられているのか，それを発見するつとめを負っているのは，若者たち自身だ。（ドゥルーズ, 2007：366）

この呼びかけから30年以上たったいま，本章で解読してきた，

プラットフォーム資本主義の仕組みと新封建主義へと向かう傾向に抗することの可能な，「来るべき抵抗形態の始まりを，現時点でもすでにとらえることができるだろうか」。

プラットフォームという採取と搾取の二重装置が有する圧倒的な力を前にして，この問いは〈非現実的〉なものとして即座に退けられてしまうかもしれない。だが，そうした〈非現実的〉にしか見えない困難な問いのなかにこそ，新封建主義とは異なる別の未来を構想し，構築することのできる集合的な「抵抗形態」の可能性が息づいているのではないだろうか。

そしてこの問いに対する肯定的な答えとヒントは，本書のそこかしこに，また本書全体が接続している技術的・社会的諸実践のなかに見出すことができるはずだ。そう，プラットフォーム資本主義への抵抗形態の兆しはすでに，ユーザー（組合員）の民主的ガバナンスに基づく「プラットフォーム協同組合」（☞本書第9章）や，配車・出前・宅配サービスの運転者たちによるストライキ，そしてまた，開かれた共有財産としてデータを管理運用しつつ，市民の民主的参加を深めるためにデータ・インフラを活用する「ミュニシパリズム（地域自治主義）」（☞本書135頁）の取り組みなど，協働的かつ民主的なプラットフォームの豊かな前線の創出をめざす試みのなかに現れているのである。

●**ディスカッションのために**

①普段，スマホを使って自分が何をしているのか，またそのとき，自分たち「ユーザー」と「プラットフォーム」の関係はどのようなものなのか，それぞれの経験や分析をもとに話し合ってみよう。

②日本では配車サービスの Uber よりも出前・宅配サービスの Uber Eats の方がずっと身近な存在になっているが，プラットフォームを介して働くことがもっと広がっていったとき，社会のかたちはどうなっていくのか，またそのなかで自分たちの生活の仕方はどう変わっていくのか，意見を交わしながら予測してみよう。

【引用・参考文献】

浅田 彰（1984）．『逃走論――スキゾキッズの冒険』筑摩書房

スルネック, N. ／大橋完太郎・居村 匠（2022）．『プラットフォーム資本主義』人文書院〔原著：2017〕

ドゥルーズ, G. ／宮林 寛［訳］（2007）．「追伸――管理社会について」『記号と事件――1972-1990 年の対話』河出書房新社, pp. 356–366.〔原著：1990〕

水嶋一憲（2019a）．「転形期の未来――新反動主義かアシッド共産主義か」『現代思想』47(8): 54–66.

水嶋一憲（2019b）．「コミュニケーション資本主義における個人と集団の変容」伊藤 守［編］『コミュニケーション資本主義と〈コモン〉の探求』東京大学出版会, pp.54–66.

水嶋一憲（2021）．「資本とメディア」門林岳史・増田展大［編］『［クリティカル・ワード］メディア論――理論と歴史から〈いま〉が学べる』フィルムアート社, pp. 75–82.

水嶋一憲（2022a）．「来るべき抵抗形態の始まり――プラットフォーム資本主義／ネオ封建主義の先へ」『世界思想』49: 82–86.

水嶋一憲（2022b）．「アセンブリとプラットフォーム――来るべき集まりのために」『福音と世界』77(8): 18–23.

Crawford, K. & Joler, V. (2018). Anatomy of an AI system: The Amazon Echo as an anatomical map of human labor, data and planetary resources. 〈https://anatomyof.ai（最終閲覧日：2023 年 4 月 3 日）〉

Dean, J. (2020). Communism or neo-feudalism? *New Political Science*, 42(1): 1–17.

Dean, J. (2022). Same as it ever was? *Sidecar - New Left Review*, 06 MAY 2022 〈https://newleftreview.org/sidecar/posts/same-as-it-ever-was（最終閲覧日：2023 年 4 月 3 日）〉

Denson, S. (2020). "Thus isolation is a project.": Notes toward a phenomenology of screen-mediated life. In P. D. Keidl, L. Melamed, V. Hediger, & A. Somaini (eds.), *Pandemic media: Preliminary notes toward an inventory*. Lüneburg: Meson Press. pp. 315–322.

Sadowski, J., Strengers, Y., & Kennedy, J. (2021). More work for big mother: Revaluing care and control in smart homes. *Environment and Planning A: Economy and Space*, Online First: 1–16.

Steinberg, M. & Neves, J. (2020). Pandemic platforms: How convenience shapes the inequality of crisis. In P. D. Keidl, L. Melamed, V. Hediger, & A. Somaini (eds.), *Pandemic media: Preliminary notes toward an inventory*. Lüneburg: Meson Press. pp. 105–114.

Uber (2021). A better deal: partnering to improve platform work for all. 〈https://uber.app.box.com/s/tuuydpqj4v6ezvmd9ze81nong03omf11?uclick_id=fb6f878b-aff7-4177-bfcb-42409c597276（最終閲覧日：2023 年 4 月 3 日）〉

Decoding Platform Capitalism

プラットフォームの
理解を深めるための道具箱

声に出して読む利用規約
プラットフォームを理解するためのワークブック

水越 伸・勝野正博

Key Words：Instagram ／利用規約／データ・ポリシー／声の文化／ワークブック

▎1 気づきのためのワークブック

　2023 年に出版されるこの本を，あなたはいつ手に取っているの
だろうか。本の中身は，出版されてから時間の経過とともに古びて
いく。とくにメディア技術は日進月歩を遂げているから，5 年もす
ればそこで論じられた事例は陳腐化してしまう。しかしそんななか
で，どんなメディアにおいてもあまり変わらない慣習がある。その
一つが利用規約の存在だ。利用規約とは，メディア機器やアプリ
ケーションを使うときに，企業などの事業体と利用者が結ぶ契約の
ことである。スマホ（スマートフォン）や PC（パーソナル・コンピュータ）
で新しい SNS（ソーシャル・ネットワーキング・サービス）を使い始めるとき，
画面に長い文章として出てくる，あれである。

　本章では，SNS の特性とそれがはらむ問題に，身をもって気づ
くための技法を紹介する。そのためこの論考は，半ばワークブック
のような，少し変わった書き方になっている。

▎2 Instagram のアカウントを作成する

　あなたは，最初に Instagram を使ったときのことを覚えている
だろうか。Twitter でも LINE でもよい。いわゆる SNS を使い始
めたとき，あなたはどんな手続きを踏んだか，覚えているだろうか。
きっとほとんどの人が覚えていないと思う。ただ，利用規約に同意

するという手続きを踏んだことだけはまちがいない。でもそのこと自体をあなたは覚えていないか，あるいは覚えていたとしても利用規約を詳しく吟味しなかったのではないだろうか。

　その手続きをふり返るため，ここでわたしが実験的に，Instagramでアカウントを作ってみよう[1]。スマホに Instagram のアプリをダウンロードする。ディスプレイにそのアイコンが表示される。それをタップすると，図11-1のような画面が現れる。

　アカウントを作成するには二つの選択肢があることがわかる。一つは Facebook のアカウントを利用してログインするという方法。Facebook のブランド色であるライトブルーの枠の下には，わたし

図 11-1　Instagram のアカウント作成画面

図 11-2　Instagram の登録画面

1）以下本節で説明するアカウント作成の流れは 2021 年の執筆時点のものである。2023 年現在，細かい点については仕様が変更されている。

のFacebook の友だちの名前が表示され、「あなたの友だちがたくさん使っていますよ」というメッセージがある。いきなり友だちのプライバシーを見せられたようで、ドキッとする。それに使う前から強引に勧誘されている感じがして、わたしはなんとなく嫌な気持ちになる。いずれにしてもこの段階で、Instagram と Facebook がわたしの個人情報を共有していることがわかる。

　二つ目は、電話番号またはメールアドレスで登録するという方法だ。こちらはInstagram 独自のアカウントを作る、ということになるのだろう。このほうがなんとなく個人情報を守るうえで安心できる気がするので、一つ目にくらべて少し面倒くさいが、メールアドレスで登録してみよう。仕事で使わないアドレスを入力する。すると、その認証コード（数字）がメールで送られてくるので、それを入力する。今度は、名前、パスワード、誕生日を入力せよという。なぜ、誕生日が必要なのだろうか。

　そして図 11-2 の画面にたどり着く。ここで「登録」ボタンを押せば、Instagram を利用開始できる。この間に要する時間は約 3 分といったところか。この簡便さは、さすがに Instagram だなと思う。しかし何が「さすが」なのだろうか。そもそも「Instagram」とは、いかなる事業でどのくらいの収益をあげているサービスなのだろうか。どこに本社があるのだろうか。みんなが使っていて、話題になっているということ以外、わたしは「Instagram というサービス」について何も知らないことに思い当たる。

　さて、「登録」しよう。しかしタップする寸前、画面の下部に小さく、薄い色で、次のような文章があることに気がつく。「［登録］をタップすることで、Instagram の利用規約、データに関するポリシー、Cookie ポリシーに同意するものとします」。これはどういうことだろうか。利用規約とはなんだろうか。しかし、もうここまできたのだし、確認するのも面倒くさい。とりあえず「登録」をタップしてしまおう、という人がほとんどだろう。後から何も覚えていないのも当然のことだ。しかしこれは実験だから、ぐっと我慢して確かめてみよう。

3　声に出して読む利用規約

　図11-2の画面下部の「利用規約」という小さな文字をタップすると，利用規約という大きな見出しの下にある，「Facebook 社は「Meta」に生まれ変わりました」という一文がいきなり目に飛び込んでくる。なぜFacebook が出てくるのだろうか。Meta とは何だろうか。さらに詳しく読んでいくと，Meta は Instagram や Facebook などのサービスを提供している企業で，メタバースとも関係していることがわかる。だからアカウント登録の際，Facebook のアカウント情報を使うという選択肢が提示されたわけだ。わたしたちのアカウント情報は，Facebook などの Meta のサービスと連動しているのである[2]。

　さらに読み進めると「Instagram サービス」という太文字のリード文が表示される。その後に「創作，コミュニケーション，発見およびシェアを行い，つながりを構築するためのパーソナライズされた機会を提供すること」「ポジティブで開放的かつ安全な環境を構築すること」など，なかなかよいことが書いてある。これらは Instagram の目的やヴィジョンを説明しているようだ。実際，Instagram の登場で，趣味のネットワークが拡がり，旅行や観光がさかんになるなどいろいろなよいことがあった。

　スクロールしていくと，ようやくポイントとなる文章が出てきた。黙読だけではよくわからない。声に出して読んでみてほしい。まずは一回，通して読んでみよう。

> **弊社サービスへの資金援助**
> 利用者は，本規約が対象とするサービスを利用することで，Instagram を無料で利用できる一方，弊社から広告の

---

2)　Instagram は 2010 年にサービスを開始し，2012 年に Facebook に買収され，本書「まえがき」でふれたように 2021 年，Facebook は社名を Meta Platforms（通称：Meta）に変更した。

配信を受けることに同意するものとします。これらの広告は，ビジネスや組織が Meta 社製品の内外で宣伝するために広告料を支払って行っているものです。弊社は，利用者にとって関連性が高い広告を配信するため，利用者のアクティビティまたは興味・関心に関する情報などの個人データを使用します。

弊社では，利用者の身元を特定する情報を広告主に提供することなく，関連性の高い有益な広告を配信します。弊社が利用者の個人データを販売することはありません。広告主は，ビジネスの目的および広告の配信を希望するオーディエンスの種類を弊社に知らせることができます。この情報をもとに，弊社は関心を示す可能性のある利用者に広告を配信します。

　いかがだろうか。わかるところもあればわからないところもあるはずだ。もう一度，ゆっくりと区切りながら，声に出して読んでみてほしい。どんなことに気づくだろうか。それらを書き出して，仲間や教員と話し合ってみてほしい。

　参考までに，わたしが気づいたことは次のとおりである。

　(1) 弊社サービスへの「資金援助」とはどういうことだろうか。その意味がぼんやりしているのは翻訳のせいかもしれない。利用規約画面を最後までスクロールすると，同一内容が英語，日本語を含む各国語で表記できることがわかる。Meta はアメリカ企業だから英語に切り換えてみよう。すると「弊社サービスへの資金援助」は「How Our Service is Funded」となっている。「我々のサービスはいかに資金を得ているか」という意味で，「援助」という翻訳はおかしい。

　(2) Instagram をはじめとする Meta のサービスは，企業などからの広告料を収入源としている。だからわたしたちは Instagram を無料で利用できている。広告料と引き換えに Meta は何かを売っ

ている。ただしその何かはこの文章からははっきりしない。しかし利用者の個人データではないと明言している。何を売って財源にしているのだろうか。

　まず，（2）からは，Meta が広告で収入を得ている企業だということがわかる。同社は自分たちをプラットフォーム企業と称しているが，広告収入で成り立っている点は，伝統的なマスメディアと似ている。新聞は，読者が支払う購読料収入と広告主が支払う広告料収入の二つの財源をもっている。日刊発行部数 200 万部の新聞ならば，「紙面の一定面積 × 200 万部」を広告主に売り，そのスペースで広告・宣伝をする。民間放送（以下，民放）の収入源はほぼ広告収入である。民放は，一定周波数における一定の放送時間を広告主に売る。わたしたちは民放をただで見られる。その代わりわたしたちが購入するモノやサービスには，広告料金に相当する金額が薄く上乗せされているのだ。それでは，Meta は Instagram において何を売っているのだろうか。

▌4　声に出して読むデータ・ポリシー

　Instagram の売り物が何かを明らかにするためには，じつは「データに関するポリシー」（以下，データ・ポリシー）をチェックする必要がある。それに気がつくことは，一般ユーザーには難しい。大切なことだから Instagram はもっとわかりやすく情報を開示すべきであろう。ここでは，データ・ポリシーでポイントとなる文章を二つ挙げておく。こちらもぜひ声に出して，2 回読んでみてほしい。

> **・利用者が提供する情報とコンテンツ**
> 利用者が弊社製品を利用する際（アカウント登録，コンテンツの作成やシェア，メッセージの送受信や他の利用者とのコミュニケーションなど），Meta は，利用者が提供するコンテンツ，コミュニケーション，その他の情報を

取得します。当該情報には，例えば写真の位置情報やファイル作成日など，利用者が提供するコンテンツに含まれる情報または関連する情報（メタデータなど）が含まれます。さらに，利用者が Meta の提供する機能を通じて見るものを含みます。例えば，Meta の提供するカメラなどにおいて，情報を取得することにより，利用者が好むと思われるマスクやフィルターの提案や，カメラフォーマットの使用ヒントなどを提供できるようにすることもあります。弊社のシステムでは，利用者が提供するコンテンツやコミュニケーションを自動的に処理し，以下の目的で背景や内容を分析します。

・弊社製品の提供，パーソナライズおよび改善

弊社は保有する情報を，機能とコンテンツ（利用者に表示される広告，Facebook ニュースフィード，Instagram フィード，Instagram ストーリーズなど）のパーソナライズ，弊社製品の内外における利用者へのおすすめ（興味がありそうなグループもしくはイベント，またはフォローしたいと思われるトピックなど）の表示を含め，弊社製品を提供するために利用します。弊社は，利用者に合わせて関連性の高いパーソナライズ製品を作成するために，利用者などから取得および認識したデータ（利用者が提供することを選択した特別に保護されるデータを含む）に基づく利用者のつながり，嗜好，関心，およびアクティビティを利用します。また，利用者の弊社製品の利用状況ならびに弊社製品に対する反応，および利用者が弊社製品の内外でつながりを持ち関心を抱いている人，場所，物についても同様に利用します。

　わかること，わからないこと，いろいろな気づきがあるだろう。それらを仲間や教員と話し合ってみてほしい。これらに加え，

「パートナーからの情報」という項目を読むと，Meta が Instagram において広告主に何を売っているかがほぼわかる。この会社は，わたしたちがスマホなどを介して Instagram を使って行うコミュニケーション行動，メディア表現のあらゆる局面をとらえて数値化し，分析処理したビッグデータを手に入れている。それらを広告主の要望に応じて，なんらかのかたちで加工し，販売しているのだ。

個人データをそのまま売ったりはしていない。ただし，わたしが誰と結びつき，何をどこでいつ撮影し，どのフィルターを選び，どんなハッシュタグを付けたか，誰のどの写真をじっと見ていたかなど，わたし自身が意識さえしないような微かで日常的な振る舞いをすべてデータ化している。そして膨大なユーザーのデータをまとめ，AI を用いて分析し，その成果を広告主にとって最も有用な形に加工して売っているのだ。しかし，どのような分析や加工をしているのかは，ついにわからない[3]。

5　当たり前のメディアに気づくための技法

ここまでのまとめをしておこう。利用規約やデータ・ポリシーを声に出して読むだけで，わかることがいくつもある。三つを挙げておきたい。

(1) 企業とユーザーの関係
わたしたちは日ごろ，きれいな景色や美味しい食べ物などインスタ映えする対象を写真やビデオとして撮影し，ハッシュタグを付け

---

[3] 本節で説明したデータ・ポリシーは 2023 年 5 月現在もアクセスできるものの，Meta 全体のプライバシーポリシーに更新されている。詳細は以下の記事を参照されたい。「Meta が「プライバシーポリシー」更新、文章を分かりやすく書き改め、デザインも新しく」Web 担当者 Forum, 2022 年 5 月 30 日〈https://webtan.impress.co.jp/n/2022/05/30/42834（最終閲覧日：2023 年 5 月 11 日）〉

て投稿し，他人の投稿を見て楽しむ。Instagram の利用目的は自己表現，趣味，友だちづくりなどさまざまだが，基本的にユーザーが好きでやっていることだ。だから投稿に手間がかかったり，それがバズったとしても，誰かに対価を求めようとは思わない。

　一方，Meta という企業は，Instagram を通してわたしたちのコミュニケーション全般を把握し，数値化し，ビッグデータとして分析して広告主になんらかのかたちで売っている。ある意味で，わたしたちは Instagram のなかでただ働きをし，企業はその労働に対価を払うことなく収益をあげているといえる。このことは，Metaだけではなく，Google，Amazon などのグローバルな巨大 IT 企業にも共通する。この企業とユーザーの一方的な関係性を，わたしたちはどう考えればよいのだろうか。

　また，Meta はわたしのコミュニケーションに関する情報をそのまま売ってはいないが，わたしの想像をはるかに超えた広い範囲のコミュニケーション行為を，詳細に把握し，解析している。それを認めてよいのだろうか。技術はどんどん進んでいて，企業はそれを巧妙に利用している。ユーザーには，プライバシー，個人情報とは何かをしっかり理解する機会や方法が必要だろう。さらにいえば，大量のユーザーのバラバラに切り刻まれ加工されたデータが企業活動を成り立たせている状況を前にして，わたしたちは個人とは何か，人間とは何かをあらためて深く考えなければならないことに気づかされる。

（2）利用規約，データ・ポリシーの意義と問題

　巨大 IT 企業については，新聞やテレビ，ネット・ニュースがさかんに論じている。ただしその内容は玉石混淆で，注意して読む必要がある。大切なことは，それらを他人事として批判するだけではなく，あなた自身のコミュニケーションに深く関わることとして，つまり我が事として捉えることだ。

　我が事として捉えるための材料は，あなたが毎日使うアプリの中にある。今回取り上げた利用規約やデータ・ポリシーからは，じ

つに多くのことがわかる。それらをじっくり検討するだけで，企業の意図やそれがはらむ問題がみえてくる。さらにいえば，Metaなどは，これまで何度も利用規約等を改訂してきた。その改訂は，大きな技術革新によって新たなサービスを発表したときや，何か問題が起きた際の対応としてなされることが大半だ（勝野, 2019）。過去の規約と現在のそれを比較してみれば，メディアとしてのInstagramの全体的なあり方や，その発展の方向性，問題点などを浮き彫りにすることができる。ヘタな報道や評論を読むよりも，自分が日ごろ使っているサービスの利用規約などを読むだけで，わたしたちはその可能性と課題を理解することができるのだ。

（3）声に出して読むことの意義

　最後に，声に出して読むことの意義を示しておきたい（齋藤, 2016）。人類史をふり返れば，人間は文字というメディアなしで長い間暮らしてきた。文字が誕生したあとも，それを声に出して読む時期が長かった。黙読は，近代化のなかで普及したのである（オング, 1991）。しかしあなたは小さな頃，絵本を声に出して読んでいたはずだ。大人になった今でも，文章をしっかり確かめたいとき，声に出して読みはしないだろうか。黙読の文化は，わたしたちの声を消し去ってはいない。

　声に出すと，文章の意味合いをよりよく把握することができる。字面を眺めるだけでわかったつもりでいても，いざ声に出してみると意味が取りにくい箇所がある。そのとき，わたしたちは文意をより深く，じっくりと考えてみるきっかけを得るのだ。

　さらに，一人ではなく仲間と集まって声に出して読んでみると，そこに書かれた意味をより深く理解できる。文章の意味についての質疑応答だけではなく，読み手の声色，聞き手の表情やしぐさからもわたしたちは多くの経験をし，学べるからだ。現在でも小説や詩の朗読会がさかんなのは，それが声の文化と文字の文化が入り交じる豊かな場だからだろう。利用規約やデータ・ポリシーはそれらと

は対極にあるテキストだ。しかし法規に関わる無味乾燥なテキスト
でも，声に出して仲間と共有すれば見出せることがらは多い。

　誰もが当たり前のように使う SNS には，必ず利用規約やデー
タ・ポリシーがある。大半のユーザーはそれらを読みもしないが，
その内容を注意深く吟味するために，声に出して読むという古典的
な技法がある。専門書を読んだり，講義を聞くだけがメディアを学
ぶ手段ではない。手のひらのスマホをタップし，仲間と集まること
から，それを始めることもできるのだ。

> ●**ディスカッションのために**
> ① Google や LINE の利用規約にアクセスし，Instagram と比較してみ
> 　よう。そしてそれらを仲間と一緒に声に出して読んでみよう。
> ② Facebook や Google などでは，表示される広告のコントロールが
> 　できるようになった。広告設定画面をチェックし，こうした対応の
> 　意義と問題を，仲間や教員と話し合ってみよう。

【付　記】
本章は科研費基盤研究 B「メディア・インフラに対する批判的理解の育成を促すリ
テラシー研究の体系的構築」（課題番号：18H03343）の助成を受けた。

【引用・参考文献】
オング，W. J.／桜井直文・林 正寛・糟谷啓介［訳］（1991）.『声の文化と文字の文
　　化』藤原書店〔原著：1982〕
勝野正博（2019）.「プライバシーポリシーの歴史的変遷――生活者と事業者のコ
　　ミュニケーションに関するメディア論」（2018 年度東京大学大学院学際情報
　　学府修士学位論文）
齋藤 孝（2016）.『声に出して読みたい日本語 1』（Kindle 版）草思社

【サイト情報】
Instagram　https://www.facebook.com/help/instagram/（最終閲覧日：2023 年
　　4 月 3 日）
Facebook　https://ja-jp.facebook.com/terms.php（最終閲覧日：2023 年 4 月 3 日）

LINE　https://terms.line.me/line_terms/?lang=ja（最終閲覧日：2023 年 4 月 3
　日）

Chapter 12

プラットフォーム資本主義を解読するための視座

ニック・スルネックの著作を参照軸に

水嶋一憲

Key Words：企業プラットフォーム複合体（CPC）／独占的権力／データの採取／レントの領有／ポスト資本主義的プラットフォーム

▌1　インターネットからプラットフォームへ：企業プラットフォーム複合体の台頭

　新型コロナウイルスによるパンデミック以前の 2010 年代を振り返ると，世界規模の巨大なデジタル・インフラストラクチャーが急速に具体化し，その破壊的〔ディスラプティブ〕なイノヴェーションが急激に拡大していった十年間〔ディケイド〕としてそれを捉えることができるだろう。

　その間，デジタルなつながりを制御する支配的なインフラストラクチャーは，かつて「インターネット」と呼ばれていた非営利志向の公的な性質を留めた仕組みから，新たに「プラットフォーム」と名乗るようになった私的に所有されたオンライン・サービスの複合体へと移り変わっていったのである [1]。

　こうして新たに台頭した「企業プラットフォーム複合体 (CPC: Corporate Platform Complex)」[2] は，Google（現 Alphabet 傘下），Apple，Meta（旧 Facebook），Amazon，Microsoft，アリババ，テンセントといった一握りの巨大企業群によって支配されており，2020 年のコロナ禍以降も，グローバル経済が収縮に向かうのとは裏腹に，デジタルなつながりへの依存の高まりを受けて，CPC の収益じたいは

---

[1] 文化政治のヒーロー像が，インターネット時代の「ハッカー」からプラットフォーム時代の「インフルエンサー」に変化したことも，その表れの一つだ。

[2] イタリアのメディア理論家／アクティヴィストであるティチアーナ・テッラノーヴァによる造語。より詳しくは，Terranova（2022）を参照。

激増したのだった。

▍2　ニック・スルネック『プラットフォーム資本主義』の構成と内容

　このように，惑星規模の疫病危機と世界核戦争の潜在的脅威にさらされている今日においても，グローバル資本主義の強力なアクターとしてプラットフォーム（ひいては CPC）が振るう力はますます強まりつつあるように見える。

　こうした時代状況のなか，プラットフォームの加速期である2010 年代に「加速派政治宣言」（スルネック＆ウィリアムズ, 2018）と『未来を発明する——ポスト資本主義と労働なき世界』（Srnicek & Williams, 2015）の共著者として大きな注目を集めたニック・スルネックによる初の単著である『プラットフォーム資本主義』（スルネック, 2022）は，プラットフォームが重大な役割を担う 21 世紀の新たな資本主義の動態と傾向について分析するために必須の基本文献の一つとして，いまも世界中で参照されつづけている。

　小著ながら，資本主義およびデジタルテクノロジーの経済史を的確に踏まえた三つの章からなるこの本は，プラットフォーム資本主義の過去・現在・未来について考えるうえで，いくつもの示唆に富む視点を与えてくれる。第 1 章では，近年の資本主義の変容過程をたどりなおしつつ，差し迫った危機に対応するための三つの契機が，プラットフォームを新たなビジネスモデルとするデジタル・エコノミーを準備し，成長に導いたと論じられる。すなわち，1970 年代の「安定した雇用と非効率的で強大な工業企業から，柔軟な労働力とスリムな経営モデルへの転換」，1990 年代の「ニューエコノミー」論や「ドットコム・バブル」および住宅バブルを促進した「資産価格ケインズ主義」への転換，2008 年経済危機に対応するための金融緩和を主軸とする政策転換の三つである。とくに三つ目の契機は，企業貯蓄の増加・租税回避地の拡大・資金の過剰供給と結びつきつつ，金融セクターの情報化と情報エコノミーの金融化を加速さ

せ，スタートアップ企業をビッグ・テック企業に成長させる条件を整えたといえるだろう。

　続く二つの章では，プラットフォーム資本主義の現在と未来について，その基本的な作動様式の入念な分析を通じて論じられる。第2章の鍵となるのは，21世紀の先進資本主義が特定の原料，すなわちデータの採取と使用に集中するようになったという主張である。異なるユーザーを結びつける媒介者にあたるプラットフォームは，五種類のモデルに分類されるが（☞本書第1章），それらは膨大な量のデータを採取・加工する作業をその中心に据えているという点で共通している。その意味でプラットフォームは，データの採取装置にほかならないのである。しかも，あるプラットフォーム上で相互作用するユーザーの数が多くなればなるほど，そのプラットフォーム全体の有する価値はより大きくなり，独占的な性質が強まっていく（「ネットワーク効果」☞本書12-13頁）。つまり，「独占化への傾向がプラットフォームのDNAには埋め込まれている」（スルネック，2022：113）わけである。

　しかしだからといって──第3章で分析されているように──，それぞれ形態を異にする巨大プラットフォーム企業が相互競争を免れているわけではない。むしろそれらは，同じ市場とデータ領域を浸食し合いながら，熾烈な競争を通じて類似した統合形態へと収束していくものと推測される（「コンヴァージェンス説」☞本書146頁）。

　このようにプラットフォーム資本主義の動態と傾向について解析した上で，『プラットフォーム資本主義』は，「さまざまの未来」をめぐる短い考察と「よりよき未来」に向けた次のような呼びかけで閉じられる。

　　現在の状況を変えようとするあらゆる努力は，現行のプラットフォームの存在を考慮せねばならない。［…］プラットフォームは自らの支配力を強め，それによって莫大な富を集積することで，独占的権力を強固なものにしているようにさえ思える。プラットフォームがわたしたちのデジタル環境にますます浸透し，

社会も急激にそれらに対する依存を強めていくにつれて，プラットフォームがどのように作動し，それに対して何ができるのかを理解することがきわめて重要となる。よりよき未来を打ち立てるために，こうした理解が必要とされている。(スルネック，2022：153)

3　データの採取装置／レントの領有装置としての　　プラットフォーム

　スルネックはその後もプラットフォームに関する「理解」を深めており，『プラットフォーム資本主義』では素描されるだけだった視点を掘り下げている（Srnicek, 2021, 2022 を参照）。

　たとえば，プラットフォームがデータの採取装置であるとともに，レント（手数料・使用料・賃貸料といった，希少財の所有や制御からもたらされる収入）の領有装置でもあるという視点がそれだ。この視点によると，わたしたちはデータをユーザーの「フリー労働（オンライン上の非強制的な自由労働と不払いの無償労働という二重の意味が込められた用語）」を通じて生み出されるデジタル価値の搾取の結果として捉えるよりも，レントの捕獲を実現するために領有された手段として捉えた方が適切であるということになる。膨大な量のパーソナル・データの採取・制御を通じてターゲティング広告を可能にするプラットフォームが，そのオンライン環境を広告主に貸与することによって取得する手数料（「広告レント」）はその顕著な事例である。

　スルネックにとってプラットフォームは基本的に，価値の生産者や成長のエンジンとみなされるべきものではなくて，グローバル経済の他の場所で生産された価値の領有にその基礎を置く，レント取得者として把握されるべきものなのだ。このことは，プラットフォームが資本主義的蓄積過程にとっての新たな障害となる可能性と，「ポスト資本主義的プラットフォーム」（スルネック，2022：152-153）を集合的に組織することの必要性をともに示唆していると考えられるだろう。

▌4 プラットフォーム資本主義の複数化と
▌ ポスト資本主義の未来に向けて

　じっさい，本書第10章の終わりの部分（☞本書151頁）でふれておいたように，プラットフォームという「独占的権力」への抵抗形態の兆しは，協働的かつ民主的なプラットフォームの豊かな前線の創出を目指す，さまざまな試みのなかにすでに現れている。そして，プラットホーム資本主義の過去・現在・未来を見事に概観するスルネックの著作そのものが，ポスト資本主義に向けた技術的・社会的な集合的諸実践にとっても有益な分析道具を提供することのできる，実効的なプラットフォームの一つにほかならないのである。

　同時にスルネックの著作は，近年のデジタル・エコノミーにまつわる「フリー労働」論 (Terranova (2000), Fuchs (2014) などを参照) や「新封建主義」論 (Dean (2020, 2022), Durand (2020), Varoufakis (2021) などを参照) や「オートメーション」論 (ベナナフ (2022) などを参照) との生産的な論争に向けて開かれたクリティカルなプラットフォームの一つをなすものでもある。

　これらの点を確認したうえで，スルネックによって解析された単数形のプラットフォーム資本主義を，地理的・制度的なヴァリエーションを組み込んで複数化していく諸種の試みが，さまざまな場所で進行していることを最後に付け加えておきたい (Athique & Parthasarathi (2020), Zhang (2023) などを参照)。

●ディスカッションのために
①「企業プラットフォーム複合体」とは何か，どのような企業で構成されており何をしているのか，本文の記述をまとめてみよう。
②プラットフォームの「独占的権力」とは何か，本文の記述を整理したうえで，本書全体を通して，該当する事例を見つけ出してみよう。
③「協働的かつ民主的なプラットフォーム」とは何か，第1章・第3章・第6章・第9章・第10章を参照しながら考えてみよう。また第2章を参考に就活における協働的かつ民主的なプラットフォームとはどのようなものか，具体的に考えて意見交換してみよう。

【付　記】

本章は、『図書新聞』(武久出版) 2023 年 4 月 1 日号に掲載された、ニック・スルネック『プラットフォーム資本主義』の書評をベースにしている。転載を許可していただいた同紙編集部に感謝する。

【引用・参考文献】

スルネック, N. ／大橋完太郎・居村 匠 [訳] (2022).『プラットフォーム資本主義』人文書院 [原著：2017]

スルネック, N., & ウイリアムズ, A. ／水嶋一憲・渡邊雄介 [訳] (2018).「加速派政治宣言」『現代思想』46 (1): 176–186. [原著：2013]

ベナナフ, A. ／佐々木隆治 [監訳] (2022).『オートメーションと労働の未来』堀之内出版 [原著：2020]

Athique, A., & Parthasarathi, V. (eds.) (2020). *Platform Capitalism in India.* Cham: Palgrave Macmillan.

Dean, J. (2020). Neofeudalism: The end of capitalism? *Los Angeles Review of Books* ⟨https://lareviewofbooks.org/article/neofeudalism-the-end-of-capitalism/ (最終閲覧日：2023 年 4 月 3 日)⟩

Dean, J. (2022). Same as it ever was? *Sidecar-New Left Review* ⟨https://newleftreview.org/sidecar/posts/same-as-it-ever-was (最終閲覧日：2023 年 4 月 3 日)⟩

Durand, C. (2020). *Techno-féodalisme: Critique de l'économie numérique.* Paris: La Découverte.

Fuchs, C. (2014). *Digital labour and Karl Marx.* New York: Routledge.

Srnicek, N. (2021). Value, rent, and platform capitalism. In J. Haidar & M. Keune (eds.) *Work and labour relations in global platform capitalism.* Cheltenham: Edward Elgar and ILO, pp. 29–45.

Srnicek, N. (2022). Data, compute, labour. In M. Graham, & F. Ferrari (eds.) *Digital work in the planetary market.* The MIT Press, pp. 241–261.

Srnicek, N., & Williams, A. (2015). *Inventing the future: Postcapitalism and a world without work.* Verso.

Terranova, T. (2000). Free labor: Producing culture for the digital economy. *Social Text,* 63 (Volume 18, Number 2): 38–53.

Terranova, T. (2022). *After the internet: Digital networks between capital and the common.* Los Angels: Semiotexte/MIT Press.

Varoufakis, Y. (2021). Techno-Feudalism is taking over. *Project Syndicate* ⟨https://www.project-syndicate.org/commentary/techno-feudalism-replacing-market-capitalism-by-yanis-varoufakis-2021-06 (最終閲覧日：2023 年 4 月 3 日)⟩

Zhang, L. (2023). *The labor of reinvention: Entrepreneurship in the new Chinese digital economy.* New York: Columbia University Press.

文献ガイド

本書では，プラットフォームという切り口から現代社会について（メディアおよび資本主義に力点を置いて）考察してきた。このテーマでさらに学びを進めるには，まずは各章の引用・参考文献リストを活用していただければと思う。ここでは，本文では参照されていない文献を挙げる。

今後，関連分野の研究はますます増えていくことが確実に予想されるうえに，現実の事態の進行は極めて速い。それらをカバーすることはもちろん不可能なので，むしろリストは短めにして，本書を起点とする問題の広がりを意識しつつ文献を取捨選択した。また，やや古い文献をあえて含めることにした。現代の状況について考えようとすると，最先端の事象に注目するあまり，近い過去が忘れられ，死角になりがちだからである。文献は出版年（原著）の順に並べた。

①カー, N. G. / 村上 彩［訳］(2008).『クラウド化する世界──ビジネスモデル構築の大転換』翔泳社〔原著 2008〕
いまや Web3 が語られているが，それ以前の状況はいかなる変化によってもたらされ，そのインパクトがどのように受け止められたかがよくわかる好著。

②根来龍之・足代訓史 (2011).「経営学におけるプラットフォーム論の系譜と今後の展望」『早稲田大学 IT 戦略研究所ワーキングペーパーシリーズ』39.
経営学の観点から，当初の技術・部品論からサービス・媒介への注目へとプラットフォーム概念が広がっていく傾向を捉えたサーベイ。

③マイヤー＝ショーンベルガー, V., & クキエ, K. / 斎藤栄一郎［訳］(2013).『ビッグデータの正体──情報の産業革命が世界のすべてを変える』講談社〔原著 2013〕
ビッグデータの分析とその利用がいかなる意味を持つかを明快に論じた著作であり，現在でも示唆的。

④大山真司（2015）.「ニュー・カルチュラル・スタディーズ04：デジタル文化の生産と消費——フリー労働と搾取」『5 Designing Media Ecology』04, 92–99.

⑤大山真司（2016）.「ニュー・カルチュラル・スタディーズ05：「プラットフォーム」の政治」『5 Designing Media Ecology』05, 70–77.

上記の根来・足立（2011）と同様，概念の系譜をカルチュラルスタディーズの観点からふり返ることができる。フリー労働に関する研究のサーベイもおもしろい。

⑥田中大介［編著］（2017）.『ネットワークシティ——現代インフラの社会学』北樹出版

「インフラ」を社会学の観点から考えるための入門テキスト。

⑦ネグリ, A.・ハート, M.／水嶋一憲・佐藤嘉幸・箱田 徹・飯村祥之［訳］（2022）.『アセンブリ——新たな民主主義の編成』岩波書店〔原著 2017〕

認知資本主義論とも連動するネグリ＝ハートの著作はいずれも重要だが，ここでは近作を。

⑧バタチャーリ, G.／稲垣健志［訳］（2013）.『レイシャル・キャピタリズムを再考する——再生産と生存に関する諸問題』人文書院〔原著 2018〕

人種資本主義（レイシャル・キャピタリズム）概念について詳しく検討した重要著作の日本語訳。

⑨ズボフ, S.／野中香方子［訳］（2021）.『監視資本主義——人類の未来を賭けた闘い』東洋経済新報社〔原著 2019〕

巨大テック企業のビジネスに対する批判的分析として，おそらく世界的に最も話題になった大著。

⑩小川さやか（2019）.『チョンキンマンションのボスは知っている——アングラ経済の人類学』春秋社

ソーシャルメディアを駆使したインフォーマル経済の国際ネットワークを活き活きと描く快著。プラットフォーム資本主義のイメージを柔軟にしてくれる。

⑪水越 伸・宇田川敦史・勝野正博・神谷説子 (2020).「メディア・インフラのリテラシー──その理論構築と学習プログラムの開発」『情報学研究：東京大学大学院情報学環紀要』98, 1–30.
コンテンツでもなく技術でもなく，社会的インフラとしてのメディアの次元にアプローチするという視座を提示し，さまざまな教育実践の事例を紹介した論考。

⑫カッツ, Y. ／庭田よう子［訳］(2022).『AIと白人至上主義』左右社〔原著 2020〕
AIは中立的な技術ではなく，その開発が帝国主義的なプロジェクトと切り離せないことの問題性を明らかにした著作。

⑬夏目啓二［編著］(2022).『GAFAM 支配と民主的規制』学習の友社
巨大テック企業をめぐる諸問題を分析し，規制の方向性を提起する論集。

⑭石田信平・竹内（奥野）寿・橋本陽子・水町勇一郎 (2022).『デジタルプラットフォームと労働法──労働者概念の生成と展開』東京大学出版会
プラットフォーム労働について，労働者概念にまでさかのぼって考察した労働法の専門書。

⑮内田聖子 (2022).「デジタル・デモクラシー──ビッグ・テックとの闘い（全 10 回）」『世界』952–956, 958–961, 963
巨大テック企業をめぐるさまざまな問題にかんするレポート。

⑯大久保遼 (2023).『これからのメディア論』有斐閣
メディアの仕組みと歴史から新しいメディア研究の潮流までを網羅しつつ，これからのメディアを使いこなすためのヒントを提示する入門書。

⑰林 香里・田中東子［編］(2023).『ジェンダーで学ぶメディア論』世界思想社
現代のマスメディアやデジタルメディアをめぐる諸問題について，ジェンダーという視点からわかりやすく論じた入門テキスト。

事項索引

178

人名索引

執筆者紹介（* は編著者）

水嶋一憲* （みずしま かずのり）
大阪産業大学経済学部
国際経済学科教授
担当：まえがき，Chapter 10, 12,
　　　文献ガイド

ケイン樹里安* （けいん じゅりあん）
元 昭和女子大学特命講師，社会学者
担当：まえがき，Chapter 06

妹尾麻美* （せのお あさみ）
追手門学院大学社会学部准教授
担当：まえがき，Chapter 02

山本泰三* （やまもと たいぞう）
大阪産業大学経済学部経済学科教授
担当：まえがき，Chapter 01,
　　　文献ガイド

金 埈永 （きむ じゅんよん）
韓国雇用情報院研究員
担当：Chapter 03

宇田川敦史 （うだがわ あつし）
武蔵大学社会学部
メディア社会学科准教授
担当：Chapter 04

久保友香 （くぼ ゆか）
博士 （環境学），メディア環境学者
担当：Chapter 05

佐幸信介 （さこう しんすけ）
日本大学法学部新聞学科教授
担当：Chapter 07

山川俊和 （やまかわ としかず）
桃山学院大学経済学部経済学科教授
担当：Chapter 08

中野 理 （なかの おさむ）
日本労働者協同組合連合会理事
担当：Chapter 09

水越 伸 （みずこし しん）
関西大学社会学部メディア専攻教授
担当：Chapter 11

勝野正博 （かつの まさひろ）
目白大学メディア学部メディア学科
准教授
担当：Chapter 11

プラットフォーム資本主義を解読する
スマートフォンからみえてくる現代社会

2023 年 6 月 15 日　　初版第 1 刷発行

編著者	水嶋一憲・ケイン樹里安・	
	妹尾麻美・山本泰三	
著　者	金 埈永・宇田川敦史・久保友香・	
	佐幸信介・山川俊和・中野 理・	
	水越 伸・勝野正博	
発行者	中西　良	
発行所	株式会社ナカニシヤ出版	

〒606-8161　京都市左京区一乗寺木ノ本町 15 番地
Telephone　075-723-0111
Facsimile　075-723-0095
Website　http://www.nakanishiya.co.jp/
Email　iihon-ippai@nakanishiya.co.jp
郵便振替　01030-0-13128

装丁＝白沢　正／印刷・製本＝ファインワークス
Copyright © 2023 by K. Mizushima, J. Keane, A. Seno, & T. Yamamoto
Printed in Japan.
ISBN978-4-7795-1742-6